MONSIEUR SCHUBERT

DU MÊME AUTEUR

aux Editions Gallimard

Un homme perdu d'espoir

L'Arrachement

Dancing Nuage

GEORGES PAUL CUNY

MONSIEUR SCHUBERT

Récit

L'AGE D'HOMME

Collection *Contemporains*
dirigée par Claude Frochaux

A Marie Françoise et Lucien Noullez

A Jean François Grégoire

ÉPILOGUE

C'est une journée quelconque : Le ciel est blanc, cassé.

Ils sont une dizaine, à suivre le fourgon.

Monsieur Schubert se serait honoré de rien.

Il l'a écrit : « je ne veux personne ». Il pensait : mort fosse commune. Anonyme. Digne. Seule.

En tête, sa femme Hélène, sa fille Anna. Alexandre, son fils, est absent.

Quelques mètres en retrait, risque de contagion, la mère de monsieur Schubert, ses deux frères, Édouard, François flanqués de leurs épouses, Nunzia et Perla, en tenue pour le mariage auquel ils doivent ensuite assister, puis Simone, sa sœur, amaigrie par les premières atteintes d'un cancer, sans son mari « empêché ».

Le dernier enfin, accueilli par Hélène et Anna mais soigneusement ignoré des autres, son collègue de bureau Colin contraint de prendre sur ses heures de vacances pour être « là ». L'entreprise à laquelle « appartenait » monsieur Schubert n'a envoyé « ni fleurs ni couronnes, ni coussins ». Seulement le directeur a-t-il fait transmettre le message d'usage, d'autant plus bref que les mots, donc le cœur, lui « manquent ».

Ses frères, sœur, mère et belles-sœurs sur le chemin du cimetière :

Édouard, doctoral : « Au moins il n'en fera jamais d'autres ».

Nunzia, voyeuse : « Et il n'a pas laissé un mot ? Rien ? Il est parti comme ça ? »

« Mère », aigre : « Plutôt ne rien savoir ! »

Perla, flagorneuse : « « Mère », vous n'avez pas fait imprimer de faire-part ? »

« Mère », soulevant sa voilette : « Et puis quoi encore ! D'abord avec quel argent ? Hein, quel argent ? Le vôtre peut-être ? Et puis vous « voyez » ça ? »

Chacun de se taire, et de « voir » : « ... Ses frères, sœur, mère, beau-frère, belles-sœurs... ont l'immense douleur... » En la circonstance, c'est en vain qu'ils s'interrogent : point de douleur. La conclusion est tombée, sèche, des lèvres de « Mère » : la dépense d'un « faire-part » ne s'impose pas.

Édouard : « Ces homélies absurdes ! Ces chants ridicules ! Ils n'ont vraiment rien gagné à se passer du latin ! »

Simone : « C'est à croire que du temps du latin tu passais ton temps à l'église ! »

Édouard : « Simone, merci de nous épargner ce genre de remarque... tu ferais mieux de t'occuper de ta santé ! »

Simone : « très élégant... »

Édouard, affecté : « Je n'ai pas de leçon d'élégance à recevoir de « tuha »... »

Nunzia pointant vers le fourgon un index ganté et impérieux : « Un peu de silence s'il vous plaît, vous oubliez peut-être que Jean est « là » ! »

« Mère », exaspérée : « Où voulez-vous qu'il soit ! »

Perla : « Où est-ce qu'« ils » ont encore été chercher ce curé ? »

Nunzia : « Moi je t'enverrais « ça » à Gennevilliers ! »

François : « Mais Bon Dieu pourquoi est-ce qu'il a fait ça ? On part et on a l'air d'accuser tout le monde ! Ah c'est facile ! »

Édouard : « Je t'en prie, ne va pas culpabiliser pour ça ! »

François : « Sois tranquille !.. Mais tu crois que c'est consécutif à ta lettre ? »

Édouard, tranchant : « Évidemment non ! Nunzia et moi n'y sommes pour rien ! Mais de toute façon, le problème de cette théière reste à régler ! »

François : « Bien sûr... »

Nunzia : « Ce qui vient de se passer n'empêche rien au fait que cette théière doit nous revenir ! C'est une question de principe ! »

Édouard : « Absolument ! En tout cas je ne sais pas « purquha » je suis venu... elles ne me regardent même pas... quant à maman... »

François : « Maman ? Elles ne l'ont même pas saluée !.. Encore loin ce cimetière ? Ça n'en finit plus ! Déjà qu'il a fallu reporter tous les rendez-vous que j'avais pris avant ce mariage !... On voit que ça ne le gêne plus !

* * *

Sa femme Hélène et sa fille :

– L'autre soir au téléphone, il m'avait paru bizarre.

– Guère plus que les autres jours...

– J'ai toujours plus ou moins pensé que ça finirait comme ça.

– Je ne sais pas pourquoi j'ai prévenu sa mère ! Quant aux autres... j'aurais voulu que nous soyons seules aujourd'hui.

– Qu'est-ce qui s'est passé avant hier ?

– Rien, rien de spécial... il était content de n'avoir pas eu de PV parce qu'il avait oublié de mettre son ticket dans l'horodateur... il s'était seulement disputé une fois de plus avec sa mère... comme d'habitude quoi, une journée comme d'habitude...

– C'est lui qui a coupé la communication l'autre soir quand je vous ai appelés ?

– Oui.

– Tu crois qu'il a entendu ce que je lui ai dit à la fin ?

– Quoi ?

– Que je pensais à lui.

– Oui, il est parti en disant cela : « Et... et elle m'a dit qu'elle m'aimait... C'est... c'est formidable, non ? » Oui, ce furent ses derniers mots...

– Qu'est-ce que c'était que cette lettre d'Édouard qui traînait dans sa poche ?

– Oh rien... comme d'habitude... leur histoire de théière...

* * *

Au bord de la tombe, l'employé des « Pompes » fait savoir à Hélène qu'il n'a pas été réglé « d'avance » pour ses « services » et, plus « contrariant », que le prix de la concession n'a pas davantage été « honoré ».

– Et alors ? demande Hélène.

– Et alors... je suis désolé, mais sans règlement, il m'est difficile...

– Mais vous n'allez tout de même pas me dire que vous allez le laisser « là » ?

– Je suis désolé... je ne suis pas responsable des consignes...

– Mais il faut que je vous règle ? Tout de suite ? Là ? Immédiatement ?

– C'est ce que j'essaye de vous faire comprendre...

– Mais...

– 19 500 francs... Avec le prix de la concession, naturellement !

– Mais je n'ai rien sur moi... je ne m'attendais pas...

– Si cela peut vous être agréable, nous laissons les choses en l'état le temps que vous alliez chercher ce qu'il vous faut, et nous revenons tout à l'heure... évidemment il faudra compter une autre vacation...

Hélène jette un regard vers sa belle famille. Elle prend Édouard à part :

– Je m'excuse de te demander ça, mais tu as un chéquier sur toi ?

– Euh... oui... oui, mais « purquha » ?

– Pourrais-tu m'avancer 19 500 francs pour...

– « Quha » ? 19 500 Francs ! Eh bien il ne manquait plus que ça !

– Qu'est-ce qu'il y a « encore » ? fait « Mère » en s'approchant.

– Il y a seulement que les « Pompes » veulent être

payées d'avance comme c'est partout l'usage ! Et comme tout le monde le sait, et le fait, bien sûr ! Mais qu'évidemment, ici, ce n'est pas fait !

– Naturellement ! glapit « Mère » brandissant son petit sac noir. Ce n'est pas fait ! Ce n'est pas fait ! « Ils » ne peuvent rien faire comme tout le monde !

– Alors ? demande Hélène.

– Je vais te dépanner ! fait Édouard agacé. Nous ne pouvons quand même pas laisser Jean dans cette position ! Mais je te fiche mon billet... !

– Je te rembourse dès que nous serons à la maison...

– Rassure « tuha » !.. Je tiens bien les comptes !.. A ce sujet, il faudra aussi, lui lance-t-il à voix plus basse, que nous réglions enfin entre nous, puisque malheureusement ce pauvre Jean... le problème de la théière !

– Je t'en prie ! fait Hélène.

– Je t'en prie ! Je t'en prie ! Qu'est-ce que ça veut dire ? C'est un problème à régler, oui ou non ?

– Oui...

– Alors ! écrase-t-il.

Anna se rapproche de sa mère :

– Qu'est-ce que tu lui demandes, fait-elle en voyant Édouard sortir son chéquier.

– Je lui demande de me dépanner... on ne peut quand même pas en rester là !

– Tu leur demandes de te dépanner !

Édouard : « Anna ! »

Anna : « Quoi, Anna ! C'est vous qui l'avez tué ! Vous ! Vous ! Vous !

Hélène : « Anna, je ne te laisserai pas dire n'importe quoi ! »

Anna : « Comment n'importe quoi ! Tu sais bien que ce sont eux les coupables ! Eux ! »

François : « Anna, je crois que le chagrin... »

Anna : « Ah le chagrin ! Ah ça vous va bien de parler de chagrin ! »

Nunzia et Perla la regardent, pincées, passionnées.

Anna : « Tiens ! Regarde-les ! Les deux ! Dans leur tenue de mondaines ! Leur tenue de « putains » ! Ah elles sont chouettes ! »

Édouard : « Anna ! Cette « fuha », ça suffit ! Nous ne te laisserons pas... »

Anna : « Tous ! Coupables ! Coupables ! Coupables ! »

Puis, à sa mère : « Il est insupportable de les voir ici ! »

– Anna !

– Tu le disais toi-même ! Nous aurions dû être seules ici ! Seules !

Édouard : « Dans ces conditions, je « cruhas » que nous n'avons plus qu'à nous retirer ! »

« Mère » : « Comment nous retirer ? Mais c'est à elles ! A elles de se retirer ! Il s'agit de mon fils, tout de même ! »

Nunzia : « « Mère », je vous en prie ! Allons-nous-en ! Cette scène... ! Inqualifiable ! »

Anna : « Ah pour une fois je suis contente d'entendre quelque chose qui sort de leurs sales gueules ! Inqualifiable ! Eh bien je suis contente, moi, de n'être pas « qualifiable » ! Je ne serai jamais « qualifiable » ! Jamais ! Jamais ! Je suis une putain, moi, je me respecte !

Un peu plus tard, « mère » et les siens reprirent leurs voitures. Anna et Hélène se rendirent au terminus de la ligne de bus.

Le bus arriva. Le chauffeur en descendit puis il rentra dans le bureau des chauffeurs, épaules molles et moue furieuse. Il essaya de se faire un café à la machine automatique. Ça ne marcha pas. Il tapa dessus comme un sourd, l'engueula, « saloperie, dégueulasse ! ». Après les coups de poings, les coups de pieds ! La machine fit « Oh », très fort. Anna et Hélène l'entendirent jusque dans le bus, puis le chauffeur donna encore un dernier, un sacré coup de poing, dans la gueule de la machine, juste où il y avait écrit « café », et à coté « hors service ».

I

Lorsque son réveil sonne, monsieur Schubert reste encore cinq minutes dans son lit. Puis, il accomplit les mêmes gestes qui, chaque matin, rythment, immuables, ses débuts de journée : d'abord une petite tape sur l'épaule de sa femme endormie : en réalité il espère qu'elle ne le soit pas, et que peut-être... il a du temps, il n'aurait qu'à se dépêcher un peu plus « après », mais non, pas une réaction... il opère alors une lente rotation vers la gauche, tâtonnant des pieds pour trouver ses « mules » : il a des « mules », des « mules » ramenées de Tunisie. « On va en Tunisie, se dit-il chaque matin, on croit se dépayser... Et on ramène des « mules »... »

A peine debout, ce qui l'agite n'est pas l'état du monde, ni les dernières factures à payer, mais la question de savoir s'il prendra, pour sortir, sa gabardine ou son manteau. Au prise avec les tourments de l'incertitude, il demande la réponse au hasard en scandant, à la militaire, sa démarche de skieur de fond, due à ses « mules » trop larges, vers la salle de bains : « Gauche ! Droite ! Gauche ! Gabardine ! Manteau ! Gabardine ! »

Vert, rouge, violet, le jaune qui se dissout par raies successives en une sorte de citron tiède. Monsieur Schubert, comme tous les matins, est attiré par la publicité qui couronne le sommet de la tour, en face de lui, sur la gauche de la fenêtre. Un skieur sur l'écran géant : « Val d'Isère ! » « Salon Nautique, du 4 au 14 décembre ! » « Mac Donald, c'est comme ça ! » « Coca Cola, c'est ça ! »

Quelques secondes d'écran noir et un nouveau message passe au-dessus de la tour : « Pensez à votre retraite ! Votre assureur vous attend ! Pensez à votre assureur ! »

Monsieur Schubert hausse les épaules. Il n'a jamais fait à la salle de bains que des haltes rapides. S'il se regarde dans le miroir, ce n'est pas pour l'interroger, c'est seulement parce qu'il se trouve que le miroir est là, devant le lavabo. Quant à se laver, il a toujours eu cette manie en suspicion et il déplore qu'on n'ait pas, en ce qui concerne la peau humaine, accompli autant de progrès que pour leur cuisinière neuve dont le four est « autonettoyant ». Monsieur Schubert pense qu'une découverte génétique aurait dû, depuis longtemps, le capitonner d'une peau « autonettoyante » qui le dispenserait de faire mine de se frotter le museau avec un gant aussi rêche qu'une langue de chat.

Il se rend, non loin de là, à la cuisine, d'un pas trop lourd. Le somnifère ? Mais non ! Monsieur Schubert en prend tous les soirs mais sceptique en cela comme en beaucoup de choses il affirme sans cesse : « On n'a jamais vu un somnifère faire dormir ! » Alors peut-être l'alcool de madame Maquereuse ? Non, ce n'est pas cela ! Il est seulement rentré la veille plein d'une fatigue diffuse, rapetissé par la journée, mais c'est compréhensible : on lui tape dessus. Il vit, travaille, une étrange et invisible machine au-dessus de la tête, qui tape, sans bruit, et retape, le tasse, implacable. Aussi le soir se retrouve-t-il un peu plus tapé, tassé, rapetissé : on le remarque à son pantalon qui descend chaque jour sur ses chaussures grises en accordéon un peu plus mou de sorte que chez lui, les premiers mots de sa femme pour l'accueillir sont invariablement :

– Tu as vu ton pantalon ?

Il ouvre toujours son poste de radio en prenant son bol de chicorée noire. Avec un sucre. Deux seraient de trop, et, jusqu'à ce jour, il a horreur du « trop ».

Le poste, on est mercredi, l'entretient du Mur de Berlin qu'une nuit a suffi à effondrer. Jean écoute, rêveur, en marge de l'actualité, ignorant, et cela même alors qu'il pourrait au moins feuilleter avec un peu d'attention les journaux où il travaille. Mais non content de ne pas les lire, il les rejette. Par fatalisme, ennui, il en refuse tout, images, photos, textes, poids, chocs, sauf, il y a deux exceptions, les « faits divers » et les femmes nues qu'il conserve avec soin afin de les consulter lorsque l'ennui menace de l'asphyxier.

– Qu'est-ce que j'ai entendu ?

Sa femme entre dans la cuisine, avec ses pantoufles à pompons roses, nouant la ceinture de son peignoir, rose lui aussi, avec des fleurs blanches.

– Et... et tiens ! Tu... tu étais réveillée ?

– On parle du mur de Berlin ? C'est bien ça ? Du mur de Berlin ?

– Oui... sans doute, mais... mais tu étais réveillée ? répète-t-il, pâteux.

– ... Écoute donc ! Au lieu de parler !

Jean hausse les épaules. Il n'écoute qu'à moitié, n'ayant plus dans sa vie que la moitié des choses, depuis ce verre rempli d'eau pour la nuit qu'il ne boit qu'à moitié, sa femme qui ne l'aime plus que d'une petite moitié, son travail, et le reste, on pourrait le couper en deux, et il laisse sa mélancolie vagabonder vers cela, un Jean Schubert qu'on mutilerait à vif, puis qu'on laisserait flotter, seul, dans une moitié de vie. Abîmé dans cette pensée, il agite de plus en plus fort sa cuiller dans la chicorée jusqu'à faire lever une tempête à son image, le liquide débordant du bol sur la toile cirée qu'il faudrait d'ailleurs changer, comme le luminaire, et pourquoi ne la change-t-on pas ? Depuis le temps ! Pourquoi ne pas changer une toile cirée, tout de même !

Les informations terminées, sa femme éteint le poste.

– Nous n'avons pas répondu à la lettre de ton frère au sujet de la théière de tante Madeleine, lui dit-elle.

– Et... et que veux-tu que nous fassions ?

– Nous pouvons la garder, après tout elle nous l'a donnée.

– A... A... Absolument, c'est une chose tout à fait certaine qu'elle nous l'a donnée. Mais tu sais ce qu'ils disent ! Édouard et Nunzia disent que la théière fait partie du testament que tante Madeleine leur a fait en même temps qu'elle leur vendait son appartement pour... pour...

– Une bouchée de pain !

– E... exactement, un prix, u... une bouchée de pain tout à fait extraordinaire... ils... ils ont complètement plumé cette pauvre vieille qui les a logés gratuitement avant qu'ils ne la... la relèguent dans un coin minuscule de son propre appartement, en s'emparant du reste...

– Testament ou non, tante Madeleine est encore vivante. Elle peut donc faire ce qu'elle veut de ses affaires !

– Ils... ils disent que pas du tout ! Tante Madeleine est incontestablement vivante, mais elle a perdu, disent-ils, le... le droit de disposer de ses biens ! Elle ne peut que les utiliser... et... et tu ne sais pas ce qu'ils nous reprochent...

– ? ? ?

– Dans son dernier coup de téléphone, il... il y a un mois, il... il m'a reproché de suggérer que Nunzia et lui pouvaient agir de façon intéressée à propos de cette théière !

– Ne te laisse pas impressionner par ça !

– Je... je ne me laisse pas impressionner, d'autant plus qu'il... qu'il n'y a rien de tel que les gens intéressés co... comme eux pour vous reprocher de veiller sur... sur vos quelques maigres intérêts...

– Mais qu'est-ce que ça peut leur faire ! Une théière !

– Et... et maintenant, ils... ils inventent que c'est tante Madeleine qui... qui voudrait récupérer sa théière... c'est... c'est un argument tout à fait extravagant... ils... ils jouent les protecteurs de la veuve.... a.... alors qu'ils lui ont déjà tout pris ! L'appartement, 300 m^2, les meubles, les tableaux, et... et tout à l'avenant, trois services en argent... les tapis... mais voilà il leur faut encore cette théière ! Et... et c'est comme ça qu'on s'empoisonne la vie à... à des mesquineries... moi... moi qui ai toute ma vie eu horreur de la mesquinerie... me voilà engagé dans une guerre de cent ans à... à propos d'une théière... est-ce que... est-ce que ce n'est pas extraordinaire... il y a là quelque chose... quelque chose d'absolument...

Maugréant, monsieur Schubert achève sa chicorée et de son pas légèrement déhanché se rend à la porte d'entrée. Sur la gauche, il aperçoit, suspendus par le cou, cadavres à un croc, gabardine et manteau, recroquevillés, pantelants comme s'il y avait laissé choir, la veille, son cadavre frais. Il prend son manteau, puis il regarde, sur le petit meuble de l'entrée un photo de lui-même enfant en train de dessiner. Il résiste chaque jour de plus en plus mal à l'envie de briser ce petit cadre. Était-il possible que ce fût lui ? Qu'un enfant devienne jamais ce Monsieur Tout Le Monde, ce hanneton indiscernable qui va fouler le trottoir de ses pattes d'automates au milieu d'autres automates ? Il prend le cadre bordé de métal, cherche à le mettre dans sa poche de veste. Il sent le tissu céder sous le coupant des arêtes, mais il continue, s'exaspère, déchire la doublure, puis se plante devant le miroir où il n'aperçoit que son nœud de cravate, perdu au milieu du col, et il s'entend dire comme chaque matin : « Je suis ridicule ! ».

Il retourne vers la cuisine, embrasse sa femme passionnée par l'écoute du poste, mais, l'habitude étant plus forte que l'événement, il l'entend émettre cette recommandation de chaque jour :

– Tu as fait attention à ton nœud de cravate ?

Elle aussi ! Elle encore ! Déjà Édouard et François se gaussaient de lui quand il était jeune et s'essayait en vain à faire correctement un nœud de cravate :

– Mais non ! Ça ne va pas !

– Et ça n'ira jamais !

– Écoute, lui avait dit Édouard, il y a deux sortes d'hommes sur terre : ceux qui savent faire un nœud de cravate. Et à qui la cravate va d'instinct. Comme la vie. Et les autres...

Monsieur Schubert se rend une nouvelle fois devant le miroir. Il jure, s'énerve. Est-ce sa faute si... il revient vers sa femme :

– Ça... ça ira comme ça ?

– Mais non ! Remonte-le, il est déjà descendu !

– Co... comment ce nœud s'est encore défait ?

Tu sais bien qu'avec cette cravate le nœud descend tout le temps, chéri, et qu'il se met de travers !

– Ah oui... oui... et... et ce n'est d'ailleurs pas la seule cravate que j'ai et qui se met de travers ! Tu sais, c'est tout ce lot de cravates que j'ai acheté l'autre jour, à vrai dire que nous nous croyions obligés d'acheter parce qu'elles ne sont pas chères...

– Mais chéri...

– Tu veux bien me laisser finir, oui ? Je... je disais parce qu'elles ne sont pas chères et nous nous faisons chaque fois avoir et... et nous nous disons qu'il faut acheter, bien que nous n'ayons plus d'argent, et nous sommes vraiment d'une grande stupidité... mais on devrait interdire la production de pareilles cravates et... et on devrait enfermer les gens qui les produisent, en même temps que ceux qui nous obligent à les acheter en faisant des prix qui ne sont pas chers du tout et auxquels...

– Chéri, dépêche-toi au lieu de parler, tu vas être en retard !

– Tu... tu ne me laisses jamais parler, tu m'interromps tout le temps ! J'en étais, oui, de te dire « auxquels nous ne savons jamais résister sous prétexte que nous n'avons pas d'argent » parce qu'on se dit après ce sera encore plus cher et on ne pourra plus du tout avoir de cravate... et je suis obligé de partir avec ce nœud de cravate qui menace sans arrêt de descendre en dessous du col, et... et ce n'est évidemment pas avec ce genre de menace qu'on peut faire impression à son travail lorsque les gens voient tout de suite que votre nœud de cravate n'est pas en place et qui se disent : « cet homme n'a pas de quoi se payer de cravate autre qu'en acétate ! » Je vis sous la menace constante d'un nœud de cravate qui va descendre...

– Chéri, cette fois tu vas être en retard !

« Tu vas être en retard ! » Il n'a jamais de sa vie été en retard, et au nom de quoi d'ailleurs ? se demande-t-il soudain. Il prend sa serviette bien qu'elle ne lui serve à rien : les années l'ont vidée comme sa vie, et pourtant il continue à s'en charger, sans savoir pourquoi, comme si cela pouvait changer quelque chose, à rien, puisqu'il n'y a rien à changer.

Il lève les yeux, aperçoit la cloison de son entrée qui s'est sensiblement détachée du plafond depuis que les habitants du dessous ont fait des travaux dans leur appartement.

– J'ai... j'ai encore l'impression, crie-t-il vers sa femme, que notre cloison est encore descendue... et... et j'attends toujours des nouvelles de Verdier au sujet de notre assurance... et... et je t'avais dit qu'il semblait faire des histoires pour nous rembourser de ce dommage auquel nous ne pouvons incontestablement rien, puisque voilà des lustres que nous n'avons rien fait dans notre appartement, et... et qu'il ne fait aucun doute que ce sont les travaux de notre voisin du dessous qui ont occasionné ce dommage... il... il a abattu une cloison en dessous de la notre... et... et on voit le résultat... et maintenant on voit la lumière qui passe de la cuisine dans le corridor en raison de cette lézarde...

– Chéri ! Tu m'as déjà dit ça cent fois ! soupire sa femme qui écoute de nouveau la radio.

Monsieur Schubert se retourne vers sa porte d'entrée : « Bien... bien... je ne te parlerai plus jamais de ça... et... et après tout je m'en fiche si nous ne sommes pas remboursés, si... si nous payons sans arrêt des assurances pour ne jamais être remboursés... et... et l'an prochain je ne m'assurerai pas, cela c'est absolument décidé, cela ne fait aucun doute que je ne m'assurerai plus... »

– Chéri, dit encore sa femme, tu sais que les voisins du dessus ont aussi leur cloison qui descend ! Ils disent que c'est à cause de la notre !

– Et... et voilà... et ça va encore être de notre faute... tu vas voir que ça va encore nous retomber dessus alors que nous n'avons rien fait ! Il y a là quelque chose d'extravagant... que le seul qui n'ait rien fait chez lui soit encore le coupable, je le dis, c'est... c'est proprement extravagant... !

Dans le hall de l'immeuble il ouvre sa boîte aux lettres. Il n'y voit que du courrier dont l'adresse est imprimée par ordinateur. Des relevés de banque, sans doute, qu'il abandonne pour laisser sa femme tenter de s'en distraire. Pour le reste, les autres lettres, celles écrites à la main, il y a longtemps qu'il n'en reçoit plus. Même Édouard, qui voulait l'entretenir de sa théière, a cru bon de lui envoyer une lettre personnelle sur papier aux armes de sa société ! Tapée à la machine avec les initiales de la secrétaire en haut à gauche à côté des siennes ! Sans omettre le cachet « confidentiel » ! Évidemment, voilà qui classe un homme ! Monsieur Schubert garde ce « poulet » dans sa poche, n'ayant plus besoin de le déplier pour s'en rappeler le contenu :

« Mon cher Jean,

Tante Madeleine nous fait savoir qu'au cours d'une de ces visites que tu as coutume de lui rendre, elle t'aurait donné, sans doute plus exactement « confié », une théière en argent. Tu sais que tante Madeleine, qu'entre parenthèse nous hébergeons jusqu'à sa mort, a fait de Nunzia et moi ses seuls héritiers. Elle nous a, sous sa seule responsabilité, et de son vivant, donné propriété de tout ce qui lui appartenait, à charge pour nous de lui en garantir la jouissance. Or il se trouve que depuis quelque temps elle se plaint de ne plus pouvoir utiliser cette théière qu'Hélène et toi conservez par devers vous.

Merci donc de nous la restituer dès que possible dans un délai raisonnable que je te propose de fixer d'accord commun à trois jours.

Puis-je ajouter que de ton comportement en cette affaire dépend aussi, bien malgré nous, que les rapports entre tante Madeleine et Nunzia n'aillent s'aigrissant ? Tu connais la vive sensibilité de Nunzia, très attachée à cette théière, et nous ne voudrions, ni les uns ni les autres, que les dernières années de tante Madeleine soient gâchées par un différend de cette nature.

Je pense que tu comprendras l'esprit dans lequel je t'écris cette lettre.

Bien affectueusement à toi et à Hélène ».

S'intoxiquant une fois de plus, donc avec plaisir, du poison de cette lettre, monsieur Schubert ne songe pas à mettre des pièces dans l'horodateur de la rue où est stationnée sa vieille R18 « crème ». Il passe seulement devant le kiosque tapissé de ses affichettes avant de plonger dans le métro.

Là, monsieur Schubert prend soin, comme chaque matin, de faire glisser de son porte-monnaie dans sa poche quelques pièces afin de les distribuer aux quémandeurs. Monsieur Schubert a ceci de particulier qu'il donne à tout le monde. Un temps il fut seul à savoir qu'il agissait ainsi, mais peu à peu cela s'est remarqué, de sorte que maintenant il entend chacun se gausser et le dépeindre comme un homme dangereux, capable un jour de donner autre chose que des « pièces » :

– On donne un œuf, et on finit par donner son bœuf ! ironise Édouard qui ne risque évidemment aucune mésaventure de cette sorte.

C'est dans le wagon, lisant les titres des journaux de ses voisins, qu'il réalise avoir oublié de mettre des pièces dans l'horodateur, de sorte qu'à partir de 9 heures, à chaque seconde qui s'écoulera, sa voiture pourra tomber sous le coup de la loi, et il pressent vivement, dans un tourment aussi douloureux qu'étriqué, que cet incident va étendre sa mesquinerie sur toute sa journée.

II

Il n'aime pas ce goudron froid sur lequel il marche. Des cheminées ne sortent que des nuages gris. Pourquoi toujours gris ? Même le noir de fumée a perdu droit dans la cité incolore.

– Jean !

Jean. Il n'aime pas son prénom. Passe-partout. Donc vie passe-partout. Indiscernable. Il a toujours pensé que les « Jean » qui s'en sortaient, affublés d'un patronyme aussi nul, devaient être de redoutables « cracks » pour remonter pareil handicap.

– Jean ! Comment vas-tu ?

– Comme ci comme ça, et toi ?

– Pas mal.

– Janine va bien ?

– Je ne suis plus avec Janine ! Tu le sais bien !

– Excuse-moi...

– Garde tes excuses ! C'est mieux comme ça !

Il passe devant le bureau de tabac dans lequel il prend ses tickets de PMU. Depuis quelque temps il s'intéresse aux courses. Il s'y est mis, un soir de vagabondage, à Vincennes, nocturne, sa femme s'étant absentée pour aller voir sa mère malade.

Depuis, plusieurs fois par semaine, il joue en équipe avec Fernand, un vieux collègue de bureau.

– Tu as encore joué ! lui dit sa femme un soir sur deux.

– Non.

– Pourquoi ne pas le dire ? Je retrouve tes tickets dans ta poche !

Tandis qu'il rêvasse au-dessus de ses comptes, il regrette de n'être pas au champ de courses. L'imagination des parieurs précipités vers les barrières lui est aussi douloureuse que la pensée d'une femme espérée enlevée par un homme détesté. Mais cet homme détesté qui prive Jean Schubert du champ de courses, et, au-delà, du meilleur de la vie, c'est moins Gaspard, le directeur de la société où il travaille, ou Hennequin son bras droit, ou quelque autre, que lui-même, Schubert Jean, petit comptable soudé à son bureau.

Devant lui, sur le trottoir luisant, il reconnaît Liliane, blonde, l'âge d'Hélène. Comme lui trente ans de maison. Quand il est entré dans la société, on l'a placé à ses côtés. Une semaine après, elle avait saisi sa main pour la serrer entre ses genoux avant de lui souffler :

– On pourrait se voir en dehors si tu veux. Rien que pour le plaisir... j'ai ma vie, tu as la tienne...

Ils s'étaient vus, cela avait duré trois ans. C'est à cause d'elle qu'il est resté là plus longtemps qu'il ne le voulait. « Dans deux ans je m'en vais ! » Il n'a pas oublié cette phrase à laquelle il n'a pas su obéir. Il le sait : les genoux de Liliane furent la raison non dite de cette dérobade. Après quoi, les genoux ayant accompli leur mission, ils avaient peu à peu cessé de se voir. Il revoit l'hôtel de la rue Clarisson où ils allaient entre une et deux :

– J'aime bien les hommes qui rêvent le jour, pas ceux qui font semblant, ceux qui sont réellement comme ça. Comme toi... lui avait-elle dit une fois.

Elle l'avait regardé comme s'ils avaient derrière eux des années de vie commune, quand ils n'avaient pris ensemble que quelques petits déjeuners et fréquenté un hôtel de trois étages où ils s'aimaient en silence.

Tandis qu'il rentre dans l'immeuble, qu'il accomplit ce petit suicide de tous les jours, c'est une peau de mouton qu'il sent pousser sur la sienne, avec de la laine de mouton, et cela lui fait, ainsi qu'à tous les autres, allongée, une gueule de mouton.

Il va vers les ascenseurs. Le troupeau se ferme alors devant lui, en silence, se pelotonne, avec des regards de biais, brefs et complices. Pourtant monsieur Schubert aime bien l'ascenseur, c'est dans l'ascenseur que se prépare, lui semble-t-il, les obsessions du jour, qui ne sont pas professionnelles comme chacun fait mine de le croire, mais sexuelles, exclusivement : « qui couche avec qui ? Qui a couché avec qui ? Qui couchera avec qui ? » sont les trois questions qui verrouillent la vie sociale de l'entreprise.

3e étage. L'étage de la comptabilité. Jean est comptable. Son père, qui n'entendait rien aux chiffres, le lui avait ordonné au terme d'une vie besogneuse : « Promets-moi d'être comptable ! Au moins tu ne mourras jamais de faim ! ».

La mort de son père. Sa mère le croit absent de l'appartement mais il l'a vue entrer dans la salle de bains, voisine de la chambre du malade, avec le pharmacien dont elle est devenue la maîtresse. Il met son oreille contre la porte.

– Tu es sûr, demande sa mère, que tu as mis la bonne dose ?

– Mais oui ! Héhé !

– Tu es sûr qu'il ne va pas se réveiller comme la dernière fois ? Que ce sera terminé ?

– Ne t'inquiète pas ! Héhé, cette fois ce sera instantané.

– Je ne peux plus le supporter !

– Ne t'inquiète pas... Héhé...

– La dernière fois, s'il avait pu, il nous aurait tués !

– Héhé, grince l'autre, justement il ne pouvait pas !

– C'est qu'il est méchant !

– Je sais... il est impotent, héhé, mais la méchanceté ne connaît pas d'impotence, héhé !

Monsieur Schubert entend encore la voix du pharmacien et celle de sa mère, des voix d'assassins, de jouisseurs. Il n'en croyait pas ses oreilles : c'était leur voix de tous les jours. On aurait dit celles de tout le monde. Mais depuis, entre sa mère et lui, il y a « ça », et chacun attend, avec « ça », l'occasion d'en terminer avec le survivant.

Plus tard sa mère s'est remariée avec un riche négociant en vin qu'on a retrouvé asphyxié, curieusement, dans une de ses cuves. Mais pour le bonheur de ceux qui restent, les hommes seuls meurent asphyxiés dans les cuves. Pas les héritages.

III

« Comptable, tu seras comptable ! » Chaque jour, monsieur Schubert réentend cette malédiction en parvenant à son étage. Il tape alors du pied. Cette manie est connue de ses collègues qui se font un plaisir de le cingler :

Monsieur Schubert tape du pied !

Rien de plus anodin que ces mots, mais tout est dans les regards, ce qui s'y exprime de complicité jalouse, ce qui s'y concentre de poison mortel.

Depuis trois ans, on l'a retiré du grand bureau où il travaillait avec une dizaine de personnes pour le mettre dans une petite pièce isolée au fond d'un couloir labyrinthique de l'immeuble. Les premiers mois, quand quelqu'un cherchait monsieur Schubert, on lui disait :

Vous prenez le couloir de l'administration ! Celui qu'on trouve après trois marches d'escalier sur la droite en sortant de l'ascenseur au 3e, vous allez au bout, c'est un couloir qui fait presque le tour de l'immeuble mais qui se termine en impasse ! Au moment où vous ne pourrez pas aller plus loin, vous verrez deux portes côte à côte, une fausse et une vraie, vous essayez, jusqu'à ce que ce soit la vraie, je crois que c'est celle de droite, enfin vous verrez, quand vous vous direz : « c'est nulle part ! » Eh bien ce sera là !

Cette longue tirade, faussement innocente, est maintenant inutile. A part un balayeur, un coursier et Hennequin qu'on a chargé de le harceler, on a « perdu », « oublié » le chemin du bureau de monsieur Schubert. Plus que le chemin, on « oublie » maintenant monsieur Schubert. Il lui est même arrivé de craindre, au cours d'un récent aménagement des locaux, sur la foi de rumeurs orientées à dessein, que l'on ne mure par inadvertance le long couloir qui mène à son bureau. Il en avait eu des sueurs froides, si glacées qu'il avait cru bon de s'ouvrir, non sans quelque honte diffuse, de cette perspective à quelques collègues « bien placés » qui en avaient fait, on s'en doute, et comme pour mieux l'aider à se « dégeler », de longues, d'interminables « gorges chaudes ».

Il est sous-chef comptable. Il y a des années il s'était accroché au vague espoir de devenir chef comptable. Puis il a vu des jeunes, au gré des départs successifs des chefs comptables, faire du saute-mouton sur son dos et lui passer devant.

Lorsque Gaspard lui a demandé d'occuper ce bureau isolé, monsieur Schubert a d'abord cru à une distinction. Un bureau pour lui seul. On lui a affirmé : « Vous serez plus tranquille pour travailler ! » Un autre a ajouté : « A votre âge... on est mieux tout seul... »

Ce matin il surprend une conversation de deux jeunes collègues en compagnie d'une secrétaire. Caché par une anfractuosité du palier, il s'approche, sans bruit, avec ses chaussures à semelles de « simili ».

– Ce pauvre Jean, dit l'un, c'est de plus en plus la voie de garage... à se demander s'il a jamais quitté le quai !

– « Ils » veulent l'écœurer... plus de trente ans d'ancienneté... tu vois ce que ça va chercher ? Alors s'il pouvait s'en aller de lui-même... gentiment ! Faut « les » comprendre, à leur place, on aurait peut-être drôlement envie qu'il se casse la gueule ou qu'il tombe malade !

– Tu sais à quoi il me fait penser ?

– Non.

– A ces espèces de petits lézards verts que j'ai vus en Afrique et que je m'amusais à mettre au soleil dans le jardin quand ils étaient morts. Deux ou trois jours après, vus de haut ils paraissaient presque intacts... mais quand je les retournais, leur ventre blanc était crevassé, et grouillaient de larves... eh bien lui, je ne voudrais pas le retourner !

– Gilles ! Tu entends ce que dit Simone ! Elle compare Schubert à un lézard crevé !

Il est passé devant eux, rougissant, un sourire mécanique accroché au visage. Ils l'ont regardé, souriant, modérément. Heureux de compatir. L'ont salué. « Bonjour Jean ». Puis ils l'ont suivi de dos, sa silhouette flottante, de plus en plus mince, approximative. Il y en a qui prennent du ventre. Lui prenait du creux.

Il emprunte le couloir avec ceux qui arrivent en même temps que lui, puis il en perd en route. « Bonne journée ! » « Bonne journée ! » Peu à peu, il les perd tous, continue seul, bien avant la fin de son interminable couloir, loin derrière les autres bureaux, longeant encore deux immenses remises d'archives, puis le silence : là où il est, même le bruit n'arrive, ne parvient pas, il faut être « lui », Schubert, pour « parvenir ».

Alors il lui vient des questions. Il remue la tête pour les chasser, soulagé d'avoir des lunettes derrière lesquelles abriter l'éclat un peu rouge que donnent ces émotions à ses yeux fatigués.

A mesure qu'il avance dans le couloir, il remarque aussi que le ménage est bâclé. La poussière s'accumule. En été, à la seule saison où le soleil vient frapper la verrière qui borde la salle des archives, il en voit les grains serrés. Il progresse alors vers son bureau dans le nuage soulevé par ses pas. Le port de ses lunettes souvent embuées lui donne l'impression de traverser un vent de sable et d'entrer seul dans un désert. « Je deviens fou », se dit-il.

Il ouvre sa porte, celle de droite, entre dans son bureau. Son « bocal », sa « cellule » dit-on dans son dos. Ses yeux tombent sur les deux fenêtres à un battant en face de lui, fenêtres étroites dont les carreaux dépolis sont recouverts d'une sorte de peinture vanille, maintenant jaunie et écaillée : il y avait là autrefois deux waters dont chacun avait sa fenêtre. Et c'est à leur place qu'on a aménagé son bureau en abattant la cloison mitoyenne. On aperçoit encore, près du plafond, la marque des deux chasses d'eau, modèles d'autrefois, avec chaîne et poignée. On a laissé une des deux chaînes. Il remarque que sa corbeille à papier est encore pleine. Il plonge. Fouille. Cherche, en retire le journal du fond, regarde la date. C'est celui d'il y a quinze jours. Il y a donc quinze jours que son bureau n'a pas été nettoyé. Il y a encore, dans le cendrier, les mégots de cigarettes abandonnés par d'anciens visiteurs. Quand ils entrent, les visiteurs, ils le font tous à pas de loup, comme s'ils s'attendaient à le voir allongé sur un lit d'hôpital, avec perfusion, thermomètre, verre d'eau, pistolet, plat bassin.

Son bureau, 7 mètres carré, s'est rapetissé encore depuis qu'on y a installé, contre les cloisons, des rayonnages anciens, constitués de petites boîtes de métal superposées. Encore des archives. Du plafond, pend une ampoule jaune pâle de 40 watts, au-dessus du bureau vert, recouvert d'une pellicule de plastique, verte aussi, à petits grains.

Il a accroché son manteau, son écharpe, au porte manteau en bois à six crosses qu'il a réussi à emporter dans tous les bureaux qu'il a occupés successivement dans l'immeuble.

Il se lève un peu, il n'est pas très grand, pour essayer d'apercevoir le pan de mur en face, à travers les bouts de carreaux dont la peinture est tombée. Il voit le ciel, haut, très haut, dans la forme géométrique bordée par les toits, un quadrilatère irrégulier et gris.

Il s'assied, tire un mouchoir. Jamais eu de mouchoirs fins, de beaux mouchoirs. Se mouche. A toujours un peu la goutte au nez, ce qui lui colore le bord des narines d'un rose suspect, façon eczéma. Puis il attend. Qu'est-ce qui le tracasse ? La contravention qui l'attend ce soir ? Mais il n'y a pas que la contravention. Il y a cette peur du gendarme qui précède la peur de tout. Il voit tout le monde soudain avec képi, casquette, uniforme, ceinturon, bâton, sifflet. Et puis ce sentiment qu'il est de trop, pas sa place ! Deux pieds sur le sol, mais poursuivi ! Enlevez vos pieds du sol, Schubert ! Disparaissez ! Raus ! Schnell ! Out, Schubert ! Il se recroqueville sur cet ordre, cette peur, cette honte. En être là ! Et pourtant se dire cela, « en être là », et ne pouvoir chasser cette peur.

Il regarde le téléphone, le prend, appelle sa fille. Il

entend les bips anonymes qui courent le long de la ligne jusqu'à Marseille où elle habite. On répond.

– C'est toi Anna ?

C'est lui qui a insisté pour qu'elle soit appelée Anna et non Anne. Anne lui semblait trop français. Anna ouvrait sur les steppes, il voyait le visage d'Anna courir avec les galops des chevaux, dans les espaces des terres russes, jusqu'à Vladivostok, la mer du Japon, le Pacifique.

– Non, monsieur, Anna est sortie.

– Ah... ah bon...

– C'est de la part de qui ?

– Oh ce n'est rien... de... de personne...

– Comme vous voudrez.

Oui, pense-t-il, pour une fois, comme je veux !

Il repose le combiné, déçu. Il pense presque sans cesse à sa fille dont il ignore ce qu'elle devient. Il essaye de deviner, il soupçonne, vaguement. Elle lui a avoué que son mari l'a quittée, sans élégance, bien entendu, mais elle ne s'est pas expliquée sur la façon dont elle s'y prend pour subsister maintenant avec ses deux enfants.

On frappe à sa porte. Fernand, huissier à l'étage, lui porte la 2e édition du quotidien.

– Ce n'est pas tous les jours, dit monsieur Schubert.

Il a remarqué qu'on l'oublie maintenant, de plus en plus souvent, dans la distribution systématique aux employés de tous les journaux de la société. Ce n'est d'ailleurs pas un oubli. On a dressé à Fernand un véritable plan d'étalement continu de ses visites au « has been », c'est ainsi qu'on l'appelle depuis qu'on l'a isolé.

Et encore, « has been », a dit Nicole, une nouvelle vraiment « branchée », dans une conversation qu'on s'est empressé de lui rapporter, c'est déjà trop ! Car enfin, pour être « has been », encore faut-il avoir été ! Schubert a-t-il jamais été ? Poser la question, c'est toujours difficile, c'est dur, c'est aussi y répondre ! Alors « Has been » ! « Has been » ! Moi je dirais plutôt « never been » ! Voilà ! « Never been » ! C'est nouveau ! Et c'est lui !

Mais Fernand, généreux, et par ailleurs son équipier de PMU, n'entend qu'à demi les ordres.

Seul, monsieur Schubert feuillette le journal, cherche, présente, la femme habituelle et déshabillée de la page 3 qui forme contrepoint aux événements du jour, aux « faits divers ». Quand il était jeune, on disait « chiens écrasés ». Alors n'y avait-il sans doute que les chiens qu'on écrasait.

Il replie le journal. Le bureau est vide devant lui. Aucun souvenir, aucune reproduction de tableau. Aucune photo des siens : jamais il n'a eu cela : il les a trop à cœur pour cette singerie. Et il en a trop vu, sur les vastes bureaux de ces messieurs, de ces portraits en pied, quand ce ne sont pas ces cubes ridicules avec enfants, Madame, devant la « maison », la piscine, à son « barbecue », décontractée, au « naturel », toute cette panoplie immonde, cette glu de sentiments qu'on fait mine d'éprouver tandis qu'en douce on se tape la secrétaire sur le coin du bureau, et que de son « cube » bousculé Madame contemple « ça », évidemment souriante.

Il est parvenu jusqu'ici, mais jusqu'à quand ? à laisser femme, enfants, famille dans l'ignorance de la situation qui lui est faite, plutôt devrait-on dire « défaite ». Seulement s'est-il confié à Anna en lui faisant promettre de tout garder pour elle. Mais il ment de moins en moins. En tout cas de moins en moins bien. Avec l'âge, en tout cas pour certains, tout se perd. De sorte que toute rencontre familiale lui est, de ce point de vue, mais c'est loin d'être le seul, particulièrement éprouvante. Heureusement, si l'on peut dire, ces rencontres se limitent à une par an, le 1er janvier entre 15 et 17 heures. Le temps de se souhaiter une « bonne année » dans un frottis de museau d'une hypocrisie « à faire pâlir de jalousie tout un collège de jésuites », dit-il chaque année à son collègue Colin au lendemain de la « corvée ». Comment peut-il penser autrement quand il se remémore les questions qu'on lui pose, autant de banderilles, quand ce ne sont pas des estocades :

– Alors Jean, enfin chef comptable ?

– Non... non... bégaye-t-il, pas encore... mais... mais ce sera certainement pour bientôt... on me l'a encore promis... il ne fait aucun doute qu'on me l'a promis... !

Eh oui, il faut bien donner le change, faire croire ! Surtout en famille ! Alors en piste, Charlot !

– Mais tu disais « tuhah » même l'an dernier, insiste Édouard, que tu avais tes chances pour cette année écoulée ?

– C'est vrai... j'a... j'avais incontestablement mes chances, mais il y a eu un contretemps, l'année a été assez bousculée...

– Comment ! disait sa mère. Pas encore chef comptable ! Mais je croyais que c'était fait depuis longtemps ! Enfin qu'est-ce que tu traînes ! Ne parlons plus de ça parce que je vais encore m'énerver !

– Es-tu même certain, avait insinué Nunzia, d'être encore sous-chef comptable ?

– La question est pertinente... comme je connais Gaspard, je vais m'en assurer, dit François en riant.

– Tu... tu connais Gaspard ?

– Mais oui, nous avons encore déjeuné ensemble récemment. Au Raphaël. Tu ne connais pas ? C'est une assez bonne « cantine »...

– Euh... non tu sais...

Monsieur Schubert n'osa pas dire « avec mes moyens... » mais son frère continua, impitoyable :

– Non mais tu aurais pu y aller, ne serait-ce que pour prendre un café !

Il a, comme ça, des kilomètres de dialogues à se répéter, soir, midi, à tous les moments de la journée. Le « Livre des heures » qui est pour le moine celui de ses unions à Dieu est pour monsieur Schubert celui de sa rencontre avec la cruauté des hommes.

Il sent maintenant, c'est l'heure, il ne sait quelle pétrification cela signifie de son existence dans l'immuable, il sent une onde traverser ses entrailles qui l'invite, ponctuel, à quitter son siège pour aller aux toilettes. Il se lève, se rend, loin, à l'autre bout du couloir. Si quelqu'un survient, monsieur Schubert renonce à entrer et continue à marcher.

– Bonjour monsieur Schubert ! Vous allez où comme ça ?

Chacun sait « où » il va, mais pourquoi ne pas insister ? Pourquoi renoncer au plaisir des petites blessures ?

Il fait un petit signe, un petit sourire.

– Au magasin...

Puis il fait demi-tour, et recommence jusqu'à pouvoir ouvrir la porte librement. Il s'enferme, ouvre la petite lucarne, moins pour l'aération que pour le coin de ciel qu'il aperçoit alors, un minuscule coin de ciel. Et parfois il reste là, debout, des minutes entières, oubliant ce qu'il est venu faire, ainsi qu'en prière, comme s'il demandait qu'un signe lui soit donné qu'il n'est pas oublié, qu'il n'est pas seul. Il passe sa main sur son visage, oublie, consent à s'asseoir et se plonge dans les magazines laissés là. Il note au passage qu'on dessert les waters en journaux de façon plus régulière que lui-même. « Sans doute, se met-il à penser, que les waters sont plus utiles que moi... » et pour la première fois, ce jour, il se dit qu'il pourrait mourir.

La même prudence s'impose pour sortir. Le temps d'ouvrir la porte, de la fermer, et de reprendre un pas naturel : il en est là de ses succès... naturellement il lui arrive d'être surpris en train de sortir. Alors son visage devient brique. Il s'excuse :

– Je vous dérange ?

– Mais de quoi, monsieur Schubert ?

Il baisse la tête après avoir souri une fois encore.

« Je vous dérange ? » C'est une question qu'il pose de plus en plus souvent à mesure que la journée avance, sans doute même pourrait-on suivre l'érosion du jour avec la répétition de cette question qui finit par ne plus être une interrogation, ni même une obsession, mais un affreux tic : « Je vous dérange ? » Il en arrive, on dirait dénaturé, à s'interroger lui-même, seul dans un couloir, gravement : « Je vous dérange ? »

Il suit, refait pas à pas le long couloir déserté qui mène à son bureau, et même en le parcourant lentement, il en vient à être essoufflé : ivre d'ennui, il se prend alors à soulever au-dessus de sa tête un chapeau imaginaire, « Bonjour, monsieur, je vous dérange ? » Il est vrai qu'il a si bien une tête à chapeau qu'on ne peut l'en imaginer dépourvu, et le fait qu'il n'en ait pas ne change rien à la vision des gens qui manquent rarement de lui dire, lorsqu'ils le congédient : « Surtout, Schubert, n'oubliez pas votre chapeau ! »

Parfois sans transition, monte en lui une colère qui s'agrippe à n'importe quel sujet. « On ne respire pas ici ! hurle-t-il en lui-même. Personne ne respire ici ! On étouffe complètement ! » Il secoue la tête, remue ses lèvres : « C'est de la folie d'habiter cette ville ! De travailler dans ce bâtiment ! De marcher dans ce couloir ! Tu ne respires que de la poussière ! »

Ce mercredi, il croise en retournant vers son bureau deux hommes qui lui disent :

– On revient de chez vous, monsieur Schubert.

– Ah... ah bon ? Vous me cherchiez ?

Une nuance d'intérêt donne à son visage une expression si nouvelle que les deux employés se demandent s'ils ont bien à faire à monsieur Schubert.

– Non, pas vous !

– Qu'est-ce qu'on ferait avec vous ?

– C'est... c'est vrai.

– On venait seulement mettre de nouvelles archives dans votre « local ».

– Encore ? Des... des archives ? Mais je... je n'ai déjà plus de place !

– On nous a dit d'en trouver, de nous débrouiller...

– Vous... vous auriez pu m'attendre...

– On nous a dit de ne pas nous occuper de ça...

– Et... laissez-moi parler... mon bureau n'est... n'est tout de même pas une remise d'archives. Et... peut-être que je suis une archive moi aussi ? Si on me prend maintenant pour une archive !

– Ce n'est pas à nous qu'il faut dire ça, monsieur Schubert...

– C'est... c'est vrai...

– Vous voyez bien que c'est vrai...

– C'est incontestablement vrai, concède encore monsieur Schubert.

Quoi dire ? Il a tenté une démarche la première fois qu'on a pris son minuscule bureau pour une remise, auprès d'Hennequin, le protégé de Gaspard.

– Il faut choisir, Schubert ! Et si nous devons choisir un jour entre les archives et vous...

– Ah... ah oui ? Et... et qu'est-ce que vous voulez que je réponde à ça ?

L'autre se mit à rire.

– Rien, naturellement, rien ! Mais pourquoi voulez-vous répondre ? Où sont les questions ? Vous avez entendu des questions, vous ?

Hennequin avait regardé dans tous les coins du bureau, comme si les questions avaient pu apparaître, chair et os, puis il avait recommencé à rire : « Vous voyez ? Pas de questions ! »

Monsieur Schubert va vers son « local ». Son manteau est sur son bureau. On a mis dehors son vieux porte-manteau à 6 crosses. On a glissé un rayonnage mobile à la place. De sorte qu'il doit se mettre de profil pour parvenir à son fauteuil en bois. Son fauteuil ? Disparu lui aussi, échangé contre une chaise qu'on a encadrée de deux autres petits meubles.

– Ces meubles-là, disent les hommes qui reviennent les bras chargés, on pourra les doubler en hauteur si y a encore besoin. Ça fera comme un mur qui vous entoure. Évidemment ce n'est pas très agréable...

IV

Il devrait se mettre au travail. Mais il allonge chaque matin le temps de sortir livres de comptes, documents à prendre en comptes, relevés de comptes, toute sa vie a buté sur des comptes ! Le mot lui brûle la gorge, noue son estomac, lui inspire une panique sommaire, sordide, gonflée par une sorte de cancer autrement plus virulent que ceux qui pourraient lui advenir, à la peau, aux poumons, à la cervelle ! Pourquoi d'ailleurs n'a-t-il pas un cancer ? Tellement de gens meurent du cancer ! Quand il laisse sa carcasse indemne, à lui qui n'a rien à vivre que des comptes, des chiffres, des balances, des bilans !

Qu'attend-il ? Le temps l'assaille de flèches qui le mettent en sang. En dedans. Au dehors il ne se passe rien. Son apparence est en tout point semblable à celle des autres : insoupçonnable.

On frappe à sa porte. Il rectifie malgré lui la position. Et il s'en veut à chaque fois ! Buste droit, tête sur papier, là il n'a pas encore de papier, mais papier imaginaire, plus ridicule encore, oui, et cela l'amuse presque, il ne se distrait plus que de cela, sa dérision. Il dit « Oui ». On frappe une nouvelle fois. Il redit « Oui ». Un ton au-dessus, à peine. Économie !

– Bonjour monsieur Schubert.

C'est Adeline, petite boulotte appétissante qui travaille au dernier étage, au « tri ». Elle vient voir monsieur Schubert à peu près une fois par mois. Il n'ose lui demander pourquoi. Il se contente de ce miracle mensuel.

– Vous ne m'êtes pas antipathique, lui a-t-elle dit une fois, ce qui avait déjà paru inespéré à monsieur Schubert. Et puis vous êtes drôle !

Drôle ! Il sait qu'il n'est pas drôle. Qu'il ne le fut que jadis, et encore.... Alors il a l'impression de tricher, de mettre un masque. A moins qu'elle aussi ne se moque de lui ? Au début de son exil, il avait eu un certain nombre de visites qu'il avait reçues, quoique étonné, comme autant de manifestations de « sympathie »... puis une conversation, encore une ! surprise dans les escaliers, l'avait complètement dessillé : « Vous avez été voir Schubert ? Dans sa nouvelle « cage » ? Allez-y pendant qu'il en est encore temps » ! Plus tard, il avait même dû arracher de quelques cloisons de corridors un certain nombre d'autocollants : un singe y apparaissait, tenant les barreaux de sa prison avec ces deux libellés : « Allez visiter le schubert » ou « Ce qu'il reste du « cirque schubert » ».

Il s'était plaint, directement à Gaspard, de ce traitement discriminatoire :

– Allons, Schubert ! Vous êtes un grand garçon ! Ne me dites pas que vous êtes sensible à ces gamineries ! Il faut de l'humour dans la vie !

– On ne peut quand même pas empêcher les gens de s'amuser un peu ! avait dit un autre. Et puis ce n'est pas méchant ! Si c'était méchant d'ailleurs ils ne le feraient pas ! Vous voyez le mal partout, Schubert !

Il dit : « Il y a longtemps que je... que je ne fais plus rire personne ». Pourtant il voudrait rire : rire, c'est bénir, et il sait qu'il devrait bénir ces instants si courts où le visage d'Adeline, au mépris du « qu'en dira-t-on », vient éclairer la pénombre de son réduit. Peu lui importe au fond la raison qui la pousse à le rencontrer ! Il faut remercier. Il se le jure : il ne se montrera pas mesquin ! Et si la venue de la jeune femme n'obéit qu'à une curiosité souterraine ou intéressée, il n'en sera que plus magnanime. Alors il essaye de rire, maladroitement, mais Adeline rit derrière lui, rit de son rire qui s'essaye, l'entraîne dans les flots blancs de son rire jusqu'à ressusciter le sien quelques secondes. Puis elle se tait, baisse la tête sur le journal étalé.

Accoudée à son bureau dont elle ne semble pas voir la suppurante, la séculaire tristesse, elle le regarde maintenant dans les yeux. Sa bouche est rouge et brillante.

– Monsieur Schubert ?

– Oui ?

– Je peux vous parler ?

Elle hésite.

– Je veux dire, vous parler vraiment ?

Monsieur Schubert ne répond pas. Non qu'il ne le désire, mais sa gorge est nouée qu'on veuille « lui parler ». « Oui », voudrait-il crier. Mais c'est ainsi, par il ne sait quel blocage il n'a jamais su dire « oui » aux moments importants de sa vie. Pourtant sur la lancée de ce rire auquel il s'est essayé, il parvient à lui dire, presque naturellement : « Bien sûr ! »

– J'ai besoin que vous m'aidiez, dit Adeline à voix basse, c'est difficile à dire, mais j'aurais besoin que vous me prêtiez 2 000 francs...

La somme le surprend, pourtant il n'en laisse rien voir. Et puis, ne peut-il s'empêcher de penser, s'il refuse, viendra-t-elle encore lui rendre visite ? Mais il chasse cette interrogation, il a juré, il y a quelques instants de ne pas tenir compte de cela, d'agir comme il le fait dans le métro. Sans contrepartie. D'ailleurs, a-t-il jamais été doué pour la « contrepartie » ? Le « commerce » ? Le « marchandage » ? Une prière contre mon avancement ? Donnant donnant ? Dieu merci, non !

Alors il hoche la tête pour lui dire : « Si... si vous voulez... » bien qu'il n'ait pas encore cet argent.

Adeline le regarde de nouveau avec un sourire dont il ne sait deviner ce qu'il cache de supplication ou de triomphe.

– Vous ne me demandez pas pourquoi ?

– Ça... ça ne me regarde pas.

– Je dis ça, parce que si vous saviez pourquoi, vous ne voudriez peut-être pas...

Monsieur Schubert reste maintenant interloqué, gêné.

– Ne me regardez pas comme ça ! lui dit-elle soudain.

– Tu... tu n'es pas obligé de t'expliquer, dit-il, pris de court et en la tutoyant brusquement.

Elle secoue la tête.

– Vous comprenez...

– Je... je comprends tout.

Anna. Quelques années plus tôt, elle était venue le trouver, un peu de la même manière. Elle lui avait téléphoné au bureau. Ils avaient déjeuné ensemble. Il n'a pas oublié son visage de ce jour-là. Ses yeux agrandis par l'angoisse. Elle attendait un enfant et ne voulait pas le garder, moins pour l'enfant que pour l'Homme, « cet homme qui baise, disait Anna révoltée, qui jouit, puis qui s'en va, goguenard, lâchant « ça ne me regarde pas » ». Elle a tort, Adeline, s'il s'agit de cela, de ne pas le lui confier. Seulement lui demanderait-il s'il s'agit d'un garçon ou d'une fille. Une future femme, passe encore, mais pour un petit mâle, songe-t-il, soudain repris par le désespoir en se souvenant d'Anna, il lui offrirait, par amour de l'humanité, dix fois, cent fois le prix de sa destruction ! Dans cet état, il est au bord de penser que tout homme est un clone d'Hitler et que c'est dans l'œuf qu'il faut tuer Hitler.

Adeline a la même allure qu'Anna. Est-ce la même chose ? Les yeux de monsieur Schubert descendent du visage de la femme à sa poitrine sans apercevoir son ventre caché par le bureau.

Il n'a pas le temps d'en savoir plus. La porte s'ouvre sans qu'on ait frappé. C'est Hennequin. Adeline rougit, se lève.

Hennequin. On dit de lui « tiré à quatre épingles ». Chemise bleue cintrée, tenant corps, torse, ventre, plat de ventre, pantalon vert foncé, veste à carreaux, cravate, pochette : exactement le fils, le frère dont eussent rêvé les siens : « L'homme d'avenir dans toute son horreur », traduit monsieur Schubert.

Quand il était entré dans la société encore tout époustouflé de son diplôme de « Grande École », il y avait maintenant un peu plus de trois ans, il avait convoqué dans son bureau tous les « éléments » dont il allait avoir la charge pour pratiquer sur eux, disait-il se léchant les lèvres dans une expression gourmande, une « injection de responsabilité ». Il avait reçu monsieur Schubert le torse moulé dans une chemisette bleue de grand couturier.

– Ah Schubert ! Je vais exercer ma maïeutique ! J'espère qu'elle sera plus efficace sur vous que sur vos collègues ! Parce que dites donc, tout ça c'est bien gentil, mais ça m'a l'air « petit bras » et compagnie ! Il va falloir que ça change !

Monsieur Schubert ne savait pas ce qu'était une maïeutique, mais la signification du mot avait l'air d'une telle évidence pour Hennequin qu'il s'était gardé d'insister. Hennequin s'était alors levé de son bureau et s'était mis à marcher de long en large derrière le fauteuil où était assis monsieur Schubert.

– Vous comprenez, Schubert, avait-il commencé, que vous appartenez à un grand pays !

– Oui, oui monsieur ! avait répondu monsieur Schubert avec empressement.

– C'est positif ! Je pense, Schubert, que cette conscience que vous avez d'appartenir à un grand pays est tout à fait sincère, qu'en aucune façon vous ne répondez ainsi pour nous complaire !

– Absolument, monsieur !

– Maintenant je pense que vous savez aussi, Schubert, que vous appartenez à une grande entreprise !

– Après un grand pays, donc, une grande entreprise ! Certes, monsieur, certes !

– Quelque chose ne vous paraît pas logique, Schubert ?

– Non, non monsieur, tout cela est d'une grande, d'une indiscutable logique !

– J'aime mieux ça, c'est positif !

– Alors moi aussi, monsieur !

– Et vous comprenez qu'une grande entreprise, dans un grand pays, a besoin de se développer !

– Oui, monsieur, se développer... bien sûr... se développer... le développement économique est la clef du bonheur, monsieur... donc bien sûr... se développer !

– Si vous ne croyez pas ce que vous dites, Schubert, ce n'est pas la peine ! Vous vous fatiguez pour rien !

Monsieur Schubert s'était alors retourné pour regarder Hennequin :

– Mais monsieur, comment osez-vous croire...

– Ce n'est pas la peine de vous retourner, Schubert, nous nous entendons aussi bien si vous ne me voyez pas, non ?

– Bien sûr, monsieur...

– Je ne parle pas assez fort ?

– Si monsieur...

– Eh bien alors ! Je disais donc, vous vous fatiguez pour rien, nous perdons notre temps, et plus encore notre argent ! L'argent de la société !

– L'argent de la société, oui monsieur !

– Et qui serait mieux employé ailleurs !

– Ça certes monsieur, ça... ça tout à fait... exactement certes... l'argent est toujours mieux employé ailleurs...

– Dites-moi, Schubert, qu'est-ce que vous faites en ce moment ?

– Je cherche quelles dépréciations il faudrait appliquer aux stocks, monsieur.

Hennequin avait haussé les épaules :

– Des dépréciations ! Parce qu'ici on est obligé de déprécier les stocks !

– Cela arrive monsieur.

– On ne fait pas attention à ce qu'on achète ou quoi ?

– Je ne sais pas, monsieur...

– Vous ne savez pas et vous dépréciez...

– Le moins possible, monsieur, naturellement !

– C'est positif ! Enfin je veux dire c'est complètement idiot mais c'est positif !

– Pourquoi est-ce idiot, monsieur ?

– Schubert, je n'ai pas dit « idiot » mais « complètement idiot » ! Cela dit, laissez-moi la responsabilité de mes jugements, chacun à sa place, voulez-vous ?

– Certes monsieur...

– Donc vous dépréciez ! Et vous êtes passionné, naturellement !

– ... oui... monsieur !

– C'est positif !

Hennequin avait rompu l'entretien sur un appel téléphonique.

– Le président ! Vous m'excuserez, Schubert ! Mais nous nous reverrons !

Ils ne s'étaient plus revus, du moins de cette manière. Pour Hennequin, monsieur Schubert était devenu « le dépréciateur ». Il s'était vanté ensuite, dans les couloirs, de son ambition de « déprécier le dépréciateur » et par ce déménagement dans les combles des bâtiments de la société, il pensait être parvenu à un début de réalisation de ses ambitions. La venue des archives venait de lui offrir une autre occasion de justifier ses hautes études.

– Oui, attaque-t-il ce jour pour l'achever d'entrée, calmez-vous ! Je sais ! On a encore été obligé de bourrer votre bureau d'archives ! Mais je ne viens pas pour ça ! J'ai un petit travail technique pour vous ! L'ordinateur nous sort une balance où il y a 1 franc 10 d'écart : vous cherchez où le trouver ! Une erreur sans doute que Crevagnol a commise en passant les dernières écritures, vous savez, celles dans lesquelles vous excelliez, paraît-il, autrefois et que vous avez des scrupules maintenant à passer ! Crevagnol est absent pour une semaine. Alors il faut nous trouver ça ! Gaspard veut le résultat pour ce soir ! Avant la venue du commissaire aux comptes ! Enfin, vous connaissez la musique ! Je vous fais porter ça ! Essayez d'être positif !

– Encore du maquignonnage... soupire monsieur Schubert.

– Oh je vous en prie !

V

Il demeure pensif, les coudes en appui sur le bureau. Rechercher une erreur. Dans un sac d'embrouille ! Le travail qu'il exècre. Pourchasser 1 franc 10 qui s'est échappé, libre, parmi d'autres, ajustés, rangés, casqués, qui marchent au pas de l'oie en interminables colonnes.

Le téléphone sonne. Il attend avant de décrocher. Qui peut vouloir l'appeler ? Il arrive qu'au bout de 3 ou 4 appels la sonnerie cesse. Mais il en est qui vont jusqu'à 8 à 10 sonneries. Il compte, mesurant ainsi l'attachement qu'on peut lui porter, à moins qu'on ne l'imagine, heureusement, perdu au large, ou noyé dans un puits. Combien de fois l'appellera-t-on avant de le passer par pertes et profits et de conclure : « Il est perdu !.. Passons à table... »

Il décroche.

– C'est toi Jean ?

Il reconnaît la voix de sa femme.

– Dis-donc... je suis inquiète parce que la postière est arrivée avec des lettres recommandées... Les PTT, l'EDF, jusqu'à l'Eau. Tu te rends compte ? Jusqu'à l'Eau ! On n'aurait rien payé de tout ça ? Comment ça peut se faire ?

Elle a sa voix qui traîne, qui se pince aussi, comme si l'air l'attaquait avec de l'acide. Elle lui détaille, interminablement, ces questions de factures, et depuis combien de temps, et quelles étaient les dates des derniers relevés, et comment peut-il se faire que les premiers payements, s'il a payé ! aient pu échapper à leur vigilance ? Les chèques se seraient-ils égarés ? Elle est fabuleuse d'invention, elle qui ne rêve plus sur rien, ne sait plus rien, ne lit plus rien, elle devient là, à propos de trois relevés d'une prolixité de vieux bonimenteur : de quels espoirs, de quels rêves effondrés ce comportement bavard n'est-il pas le signe ? Qui donc l'a assassinée ? Et qui est accablé, sinon lui, par cette question ? Il parvient à glisser, mal à l'aise :

– Tu... tu n'es pas sortie ? Et... et tu n'as pas vu si la voiture avait un PV ?

Elle reste interloquée une seconde.

– Comment veux-tu que je sorte ? Je suis encore en peignoir...

Monsieur Schubert roule distraitement, tandis qu'il éloigne le combiné de son oreille, un vieux ticket de métro.

– Tu ne te souviens pas d'avoir payé ? (Non, il n'a pas payé, et pour cause, il a d'autres « frais »). Ce serait facile de vérifier ! Si tu y mettais un peu de bonne volonté... Mais non... d'ailleurs tu perds la mémoire ! Jean ! La mémoire ! Tu n'as plus 20 ans, mais tout de même, à ton âge c'est inquiétant !

Il l'interrompt brusquement.

– Et... et qu'est-ce que tu fais encore en peignoir à cette heure ?

– Parce que je n'ai plus le droit d'être en peignoir maintenant ?

– Si... je... je te demande seulement ce que tu fais en peignoir !

– Je sais que tu n'aimes pas mon peignoir, dit-elle sur un ton brusquement défait.

C'est vrai qu'il n'aime pas ce peignoir, rose, presque couleur chair.

– Non... ce... ce n'est pas ça, lui dit-il, conscient qu'il l'a peinée sans cause.

– Tu veux que j'aille voir pour la voiture ? lui demande-t-elle, oublieuse soudain des lettres recommandées.

Il prend sur lui.

– Non, ce n'est pas la peine. Et... et je m'en fais toujours pour rien... D'ailleurs c'est moi qui ai les clefs.

Il perçoit son souffle dans l'appareil. Il cherche à lui dire quelque chose. Mais il est pris de court : on frappe à la porte.

– En... entrez !

– Qu'est-ce que tu disais ?

– Non... ce... ce n'est pas à toi que je parlais. Et... et je disais « Entrez » parce qu'on frappe à la porte. Je disais « Entrez » parce qu'il faut toujours dire « Entrez » aux gens qui frappent, et... et que ça fait des années que je dis « Entrez » ! Est-ce... est-ce que tu comprends ? Des années ! Pendant que tu es en peignoir rose ! Et... est-ce que tu te rends compte que je dis « Entrez ! » pour rien ! Et... et incontestablement pour rien puisque personne ne rentre !

– Jean...

– Excuse-moi...

– Qu'est-ce qu'y te prend, Jean ? Qu'est-ce qu'il y a ?

– Rien ! Allez ! A ce soir ! je te rappellerai ! Et... et ne t'en fais pas pour les relevés !

Monsieur Schubert raccroche. Puis il saisit la paire de ciseaux placée contre son vieux « plumier ». L'a-t-on assez moqué pour ce « plumier » ! Il cale les anneaux des ciseaux contre le bureau. Puis il retourne la pointe contre sa poitrine, il appuie, se fait mal, cesse d'appuyer, repose les ciseaux et à nouveau baisse la tête.

Il repousse les feuilles de comptes sur un coin du bureau, s'adosse contre le dossier de sa chaise, déplie le journal une seconde fois et cherche à s'oublier dans un long article sur une affaire de malversation et de fausses factures. Un « papier » qui le laisse songeur, lui qui va devoir retrouver 1 franc 10 dans une botte de foin.

VI

Nicole est entrée sans frapper. Il avait le journal étalé sur la table. Il avait fini de lire l'article sur les malversations, puis il avait un peu rêvé, s'était demandé pourquoi aucune miette de ces dizaines de millions n'étaient tombé dans son assiette, pourquoi personne n'était venu lui proposer de participer au trafic, comme son ami Colin qui avait touché, lui, à celui de la drogue. Eût-il accepté ? Il y a quelques années, il aurait répondu non. Aujourd'hui, il ne sait plus : qu'a-t-il encore à sauvegarder du respect qu'il avait pour lui-même ?

Elle est devant lui. Pimpante. Il la connaît. Il l'a vue à son arrivée : elle venait de tourner des spots publicitaires, « La femme dans le vent », « Je vis avec mon temps », « Je suis Belle, je suis Femme, j'y Arrive, pourquoi pas Vous ? » Elle avait déjà un physique de parvenue. Il réagit :

– Vous... vous aviez frappé, je crois ?

– J'ai frappé ? Moi ? Frappé ? Pourquoi voulez-vous que je frappe ? ironise-t-elle en « fouettant » ses mots.

Il n'est pas né avec la réponse facile. Alors se taire. Il est possible qu'un jour tout cela lui donne assez de force pour tuer. Ou se tuer. Dès qu'Anna sera sauvée, qu'il n'aura plus rien à faire sur terre, il aura encore un dernier geste, pour exprimer cela, une fois dans sa vie, son exécration, son amour follement déçu.

Se taire. Alors il la regarde : été comme hiver, elle porte un décolleté pervers qui invite à voir sans le permettre. Juste aperçoit-on la frange du soutien-gorge, s'il y en a un. Les hommes perdent leurs yeux qui roulent comme des billes le long d'une pente qui va du cou à cet entre-deux du chemisier ou de la petite veste, ce qui permet à la femme, surveillant de près les marques feutrées de cette attention, de sourire avec indulgence ou de repousser avec mépris.

– Je vois que vous êtes en plein travail ! dit-elle d'une voix aussi pointue que ses talons.

La méchanceté, chez elle, chacun le sait, culmine toujours à l'approche d'une étreinte. Il en a souffert : rien de plus vache sur terre, il le sait, qu'une femme aimée. « Le tour de qui ? » se demande monsieur Schubert.

Elle le regarde, les yeux étincelants, à l'affût de quelques paroles qui pourraient sortir des lèvres de monsieur Schubert dans l'espoir de les faire voler en éclats, comme les pigeons qu'elle massacre à trois mètres, dès leur lâcher, chaque dimanche de chasse.

Mais comme monsieur Schubert continue à ne rien dire, elle pose ses documents sur son bureau.

– Voilà ! Monsieur Hennequin compte que vous trouviez avant ce soir ! Il paraît que vous n'aviez pas votre pareil lorsque les comptabilités étaient tenues à la main !

Nicole le regarde, narquoise, de ses yeux de métal bleuté soulignés d'un mince trait charbonné qui en accentue la dureté : « A la main... », répète-t-elle. Elle a joué ce jeu cinquante fois, humilié plus de cent de ces cadavres ambulants qui constituent à ses yeux le personnel ordinaire des entreprises.

Monsieur Schubert la regarde à son tour. Nicole lui trouve des yeux de chien. Elle méprise son chien, et elle ne l'a pris en conscience que pour cela : le mépriser. Elle méprise aussi monsieur Schubert, ce « has been » qui lui permet, à front renversé, de s'admirer follement elle même. Ce « never been », puisque c'est elle qui a inventé ce mot. Il faut l'entendre prononcer « never been » ! Et mesurer la profondeur chaque fois plus obscure où elle descend pour jouir enfin de sa joie dépravée. Elle ne dit rien mais à nouveau éclate de rire, et c'est encore pire.

Seul, monsieur Schubert a l'impression d'avoir perdu souffle. S'il avait un miroir, il s'y apercevrait blême. Son cœur bat trop vite. Il quitte son siège, craint de se sentir mal. Cette courte scène, en même temps qu'elle le ruine, lui semble le raccourci, l'expression la plus immédiate, la plus révélatrice de son existence. Il comprend brusquement qu'il a passé plusieurs dizaines d'années de sa vie moins à la gagner qu'à éviter cela, à chaque instant, l'humiliation radicale, à esquiver, sûr qu'il en serait le vaincu, mais la partie n'est plus jouable, le combat pour sa dignité.

Il sort dans le couloir. Besoin d'oxygène. Mais il entend qu'on marche. Il s'arrête, hésite, tremblant de tout son corps, puis, précipitamment, reflue vers son bureau, s'y enferme, s'adosse à la porte pour empêcher quiconque d'entrer.

C'est le téléphone qui le tire de sa prostration. Il songe à le laisser sonner. Ne pas répondre. N'aurait jamais dû répondre. A personne. A rien. Puis, la force de l'habitude, un pas seulement, il décroche.

C'est encore sa femme.

– Dis-donc, lui dit-elle, au courrier de onze heures, on a eu les relevés de banque... tu sais où on en est ?

Il ne répond pas. Préfère ne pas savoir. Depuis trois mois, il a fait des ponctions régulières sur le compte, des coups de sang, Lina, les courses, et puis, parfois, des gens qu'il aide, comme Adeline, sans que personne ne le sache :

– Tu m'écoutes ? Qu'est-ce que tu as ?

Il ne répond toujours pas.

Peu importe qu'il en soit à moins 1 000, 10 000, moins 100 000 ! Il soupire longuement.

– Jean ! Jean ! Tu te sens mal ?

– N... non, dit-il d'une voix caverneuse.

– Alors quand on aura payé les trois lettres recommandées de ce matin, on en sera à moins 20 000, je ne sais pas si tu vois...

Il pense au 1 franc 10 dont le commissaire aux comptes ne manquera pas de faire tout un foin s'il ne les débusque pas...

– Et... et quand il y aura le PV de ce soir, dit-il enfin, ça fera moins 25 000, et... et puis moins 35 000 quand j'au... j'aurai laissé passer tous les délais de paiement, et... et puis moins 50 000 pour je... je ne sais quoi, les frais d'avocat, par exemple, et... et encore moins 100 000 pour rien, tiens voilà ! Pour rien ! Des... des prunes !..

– Jean ! Jean ! Qu'est-ce qui s'est passé pour que nous en soyons là ?

– Je... t'expliquerai... ne... ne t'en fais pas...

– Tu me fais peur ! Tu es malade ?

– Non... Je suis bien portant, peut-être trop... trop bien portant ! Allez ! A... à ce soir !

Il raccroche.

Sur le bureau, il considère la pile de dossiers que Nicole vient de lui jeter. Il prend son porte-monnaie. En sort 1 franc 10. Un franc dans la main gauche, dix centimes dans la main droite et il se dit : « Ma vie ne vaut pas cela ! »

Il colle ses deux pièces sous un scotch et se sent l'envie de rendre le travail ainsi.

« Voilà ! J'ai... j'ai trouvé 1 franc 10 ! Comme ça vous ne resterez pas, ce qui serait proprement intolérable, avec 1 franc 10 sur la conscience ! »

Puis il prend les comptes, commence son contrôle. Les lignes se succèdent, innombrables, chacune avec son chiffre d'une extrême, d'une angoissante précision, des millions de francs soudés à leurs centimes, qui n'en lâcheraient pas le moindre pour celui d'à côté, des chiffres qui se combattent de comptes à comptes, débit crédit, avec une âpreté de banquier, un acharnement d'Harpagon. Il fait, refait des calculs croisés. Que peut cacher 1 franc 10 ? Une fraude de plusieurs millions, mal ajustée, et qui laisserait cet indice pour signer son crime.

Il poursuit, somnambule, sans savoir quel sens donner à cette quête.

Il relève la tête, douloureusement. Vivre lui fait mal. « Personne ne voit rien, se dit-il, personne ne sait rien, pourtant nous sommes quelques milliards à nous suicider ainsi ».

Il en est maintenant aux salaires. Anonymes. Chacun a un numéro dans cette liste de 1 000 lignes. Et puis les charges.

On peut mourir de se dépasser. Plus sûrement encore on meurt de se limiter. Cette pensée lui vient, insidieuse, entre deux chiffres, si atrocement identiques sous l'apparence de leurs montants différents, si meurtriers par leur répétition infernale, si ravageurs de son esprit qu'il se prend à les haïr, et qu'il est certain, dans le délire de cette haine et de cette persécution, de les voir sortir du papier, gigoter, se tordre, se dévorer, puis grouiller sur la table, chercher sa main, son corps, pour le sucer, s'introduire dans ses nerfs, sa chair, jusqu'à la moelle, le dépecer, le vider, n'en laisser que les os nus, étincelants.

VII

Assez vite monsieur Schubert parvient à retrouver un franc. Il n'en croit pas ses calculs, reprend ses vérifications. Pourtant, c'est exact, il y avait bien un franc d'écart dans le report d'un total d'une page sur l'autre. Sans doute y a-t-il eu manipulation.

Il a une bouffée de satisfaction. Trouver un franc dans un pareil dédale de chiffres relève d'une intuition qui aurait dû faire de lui un médium hors pair.

Parvenu à cette découverte, il réfléchit à la possibilité de dissimuler les 10 centimes restant. Puis il renonce dans la crainte qu'on ne lui ait tendu un piège.

« Je les trouverai cet après midi », se dit-il ragaillardi.

Il prend le téléphone et appelle sa femme.

– Dis... dis-donc, lui dit-il, et la vie semble être revenue dans sa voix, je viens de faire une prouesse. Enfin... une prouesse de... de comptable... mais j'ai retrouvé un franc dans des comptes qui totalisent plusieurs centaines de millions ! Et... et il me reste encore 10 centimes à découvrir. Si je les trouve d'ici ce soir, nous... nous irons au restaurant, qu'en penses-tu ?

– Au restaurant ? Tu n'y penses pas ! Avec le découvert que nous avons !

– Et... et alors ?

– Tu es toujours comme ça ! Tu ne manifestes jamais d'entrain que pour des choses de ce genre : Aller au restaurant quand nous n'avons pas le sou ! Non merci !

– Écoute !

– Non, je te dis ! D'ailleurs je me sens très lasse aujourd'hui. Maintenant, si tu y tiens, vas-y tout seul ! Moi je rends mon tablier ! Je démissionne ! Fais ce que tu veux !

– Pour... pourtant, depuis le temps que nous n'y sommes pas allés, cela ne nous ferait pas de mal !

– Non ! N'insiste pas !

– Je... je vois...

– Allez ! A ce soir !

Un silence, monsieur Schubert hoche la tête, puis il raccroche.

Mais on le rappelle.

– Quoi... quoi encore ? s'énerve-t-il, persuadé que c'est encore sa femme.

– M'sieur Schubert ? C'est m'sieur Verdier, des assurances ! Oui, je vous appelle pour votre problème de cloison... celle qui se détache du plafond... j'ai étudié le dossier, mais nous ne pouvons rien faire, malheureusement ! D'abord parce que vous n'êtes pas assuré pour ça, vous avez « dégâts des eaux », « responsabilité civile », etc. mais pas question de cloison ! Donc vous n'êtes pas couvert !

– Mais et... et l'assurance de notre voisin ?

– Non, votre voisin n'est pas responsable. Il a fait abattre une cloison en dessous de la vôtre, mais ça c'est son droit ! En tout cas son assureur a dégagé toute responsabilité. Alors nous ne savons pas...

– Mais s'il n'y a pas lui, si... s'il n'y a pas vous, il y a bien son entrepreneur !

– Oui mais l'entrepreneur dit qu'il a tout fait dans les règles, qu'il avait consulté les plans, qu'il n'a pas commis de fautes...

– Mais il est bien assuré, lui, l'en... l'entrepreneur ?

– Oui mais son assurance dit que du moment qu'il n'a pas commis de faute, elle ne peut pas être responsable.

– Et... et donc j'ai... j'ai une cloison qui menace de s'écrouler parce... parce qu'on a fait des travaux partout sauf chez moi, qu'on a démoli, tapé, re... reconstruit, pa... partout sauf chez moi, et... et c'est... c'est moi le seul à avoir des dégâts et... et c'est à moi de supporter les dégâts quand... quand je suis le seul à... à ne pas avoir donné un... un coup... de marteau ! C'est... c'est extravagant !

– Je crois que oui, malheureusement, mais je vous le répète, je dis bien : malheureusement !

– Vous... vous êtes de...

– Non, non ! Nous sommes tous de bonne volonté mais nous n'y pouvons rien, monsieur Schubert !

– Ça... ça ne fait rien, et... et moi je dis... c'est... c'est extravagant !

– Par contre, il y a autre chose... nous avons reçu une mise en demeure de votre voisin du dessus... parce que sa cloison s'est détachée aussi de son plafond... ben oui... c'est normal, puisque la votre n'était plus là pour la soutenir... et là c'est vous qui êtes en cause ! Là je peux rien pour vous, m'sieur Schubert ! Ça c'est votre cloison !

– Co... comment ma cloison !

– Ben oui, c'est pas difficile à comprendre... hein...

– Mais... mais c'est comme pour mon voisin du dessous !

– Ah non non c'est pas du tout pareil ! Vous, vous n'avez pas fait de travaux ! C'est un défaut de votre appartement lui-même ! C'est à vous de le maintenir en bon état pour ne pas gêner l'entourage ! C'est beaucoup moins favorable ! Il faudra essayer de vous entendre avec votre voisin, parce qu'autrement je vous vois mal parti... Depuis combien de temps vous n'avez pas fait de travaux dans votre appartement ?

– Je... je ne sais pas... cela fait des... des années...

– Qu'est-ce que je vous disais ! Vous ne faites pas attention à vos affaires !

Monsieur Schubert a posé l'appareil sur son bureau. Il s'est éloigné de l'écouteur en se reculant sur sa nouvelle chaise. Il entend, presque distinctement, Verdier parler dans le vide, et le chercher tout à coup, s'égosillant : « Hé M'sieur Schubert ! Vous êtes toujours là ? Qu'est-ce qui se passe ? Hé ! Hé ! Toc ! Toc ! Y a plus personne ?... Hé ?... »

VIII

Il s'arrêtait toujours de travailler à 12h30 pile. Pour monter à la cantine qui se trouvait au 7ᵉ étage.

Aujourd'hui, il hésite à rentrer chez lui pour mettre sa voiture en règle, puis il renonce.

S'arrêter de travailler, cela veut dire suspendre son geste. Le chiffre commencé, la phrase qu'il est en train de prononcer au téléphone, il ne les finit pas. Il a pris cette manie d'un ancien. Plus jeune il l'a jugée médiocre, mais au fil des années, il l'a peu à peu tolérée, comprise, adoptée. Non sans quelque provocation : « voilà ce que vous avez fait de moi ! Ce que j'ai laissé faire de moi ! » paraît-il dire. Sans fierté, mais avec une manière de rancune, une velléité de « se faire mal ».

Il se rend vers l'ascenseur qu'attend déjà une petite foule. On l'accueille toujours par la même interpellation :

– Monsieur Schubert !

à laquelle un autre ne manque jamais d'ajouter :

– Toujours exact !

Il sourit vaguement, ressent un léger trouble. Alors le sourire reste sur ses lèvres, mort, sur son visage, mort, lui aussi.

Ainsi chaque jour jette ses gouttes de malaise dans cette espèce de vieux sac qu'il a toujours présenté à la vie, mais chaque jour, chargé d'une goutte supplémentaire, le sac est plus lourd.

Ce jour-là, la goutte tombe, une fois de plus, mais cette fois le sourire disparaît. Il voudrait continuer à sourire, mais il s'étrangle. Le sourire, en lui, est assassiné : c'est une fois de trop.

L'ascenseur se fait toujours attendre.

– Tiens ! Monsieur Schubert ne sourit pas aujourd'hui, dit Solange à Roger.

Il ressent douloureusement qu'elle ne le lui dise pas

directement. Dans ce groupe, mais quelle que soit la composition du groupe qui se presse quotidiennement aux portes de l'ascenseur, tous se présentent à deux, ou à quatre, mais jamais à trois ou à cinq. Lui seul est seul.

L'ascenseur arrive enfin.

– Monsieur Schubert, on vous fait une petite place ?

Pourquoi « petite » ?

Il est là, seul sur le palier, en face de la cabine emplie de gens qui ne le regardent pas, il voit leur visage, sec, gras, poudré, leurs yeux contents, qui ont l'air « content », qui n'ont pas l'air de réaliser la folie qui les gagne.

L'un des passagers de l'ascenseur maintient la porte ouverte.

– Vous venez, Schubert ?

– Décidez-vous !

Tourné vers eux, il reste immobile.

– Fermez ! entend-il. On va mourir de chaud ! Fermez !

On lui dit une fois de plus : « Vous venez ? »

Il ne répond toujours pas

Il fait un pas, mais s'arrête sur le bord de l'ascenseur, coinçant la porte. Il y a trop de monde.

Il entend alors : « Sortez, Schubert ! Sortez ! Vous prendrez le suivant ! »

Il recule. La porte se ferme. Il reste sur le palier, à la même place. D'autres futurs passagers viennent alors, toujours groupés, femmes et leur petit sac, hommes à la barbe déjà indiscrète. Et ce mot de trop :

– Monsieur Schubert !

Il essaye de se raisonner. Il ne va pas mourir de ça. Voyons, on ne meurt pas de ça ! Même s'il a vécu de moins que ça.

Revient aussi :

– Toujours exact !

Alors il s'éloigne, lentement, doucement, l'oreille attentive. Le rappelle-t-on ? On ne le rappelle pas. Il descend par les escaliers, il sort.

Dans la rue, il respire, il y a trente-trois ans exactement il sortait du même immeuble, il venait d'être embauché. Il devait commencer trois jours plus tard. Il avait alors marché dans l'allégresse quelques centaines de mètres avant de s'arrêter dans un café pour savourer l'événement : il était pris quelque part ! Il allait pouvoir téléphoner chez lui et annoncer cette nouvelle à laquelle personne ne croyait :

– Je suis pris !

– Édouard ! Écoute ça ! Jean est embauché !

Il passe devant le café qui a changé lui aussi. Le bar en zinc a disparu pour laisser la place à un formica vert tendre. Il entre. Plusieurs personnes sont assises, vautrées, en train de jouer devant la télévision allumée. Sur la télévision, le Mur. Des pioches, des pelles, le Mur qui craque, et devant leur café, leur petit cognac, leur « calva », ces hommes, ces femmes, avachis, ces regards, abandonnés, ces moustaches, tombantes, ces chairs, effondrées, mal réparties sur les visages, les corps, comme si tout descendait en bas, toujours plus bas, mentons, bajoues, cous remplis, farcis, ventres énormes, jambes lourdes, chevilles enflées.

– Eh ! Un peu moins de bruit, s'il vous plaît ! fait un homme en direction des joueurs. Qu'on entende quand même ce qui se passe !

– On s'en fout, répond l'un des joueurs, nous on n'a jamais cru à tous ces trucs-là, jamais !.. A toi, Raymond.

Monsieur Schubert sort, se demande où il va manger bien qu'il n'ait pas très faim. Peut-être voudrait-il aller faire un tour du côté de la charcuterie Martel, il est gourmand, mais la dérision s'empare de lui à l'idée que si longtemps il a pu accrocher sa vie à des pâtés en croûte, à des saucissons, à toutes ces espèces de vessie, autant d'artifices qui lui ont menti : il n'a rempli le creux des heures qu'avec des leurres, et sa vie, pendant ce temps, toute entière, sans le lui dire, cachottière, a passé.

Un peu plus loin, un cinéma propose « La mort à Venise ». Il s'avance. Des grilles protègent l'entrée. Il cherche l'horaire des séances : 14h. Dommage ! A 14h il sera au « travail ».

Alors il fait demi-tour. Il s'achètera un sandwich au coin du boulevard puis il rentrera. Il entre dans un self-service où il s'assied après avoir choisi un « Parisien ». Puis il commande un café qu'un garçon lui apporte en lui réclamant 7 francs d'un ton exaspéré, non par caprice gratuit, mais comme obligé à cela seul qui paraît le sauver de son ennui.

En revenant vers le journal, il passe devant le café où il va d'ordinaire après chaque déjeuner à la cantine : il y voit attablés plusieurs de ses collègues qui l'interpellent.

– Schubert ! On vient de commencer la partie ! On t'attend !

421. Il a essayé, plusieurs fois, d'évaluer le nombre de parties de 421 qu'il a pu faire. Il est arrivé à un chiffre voisin de 100 000 ! Seul Colin peut-il le battre, et encore, à ce record d'imbécillité. C'est en commençant à travailler qu'il a appris ce jeu. Pas d'apprentissage. Une seule règle. Et on bute sur le hasard. Le hasard et le crétinisme. Mais que supporterait-il encore sans « crétinisme » ?

Colin le hèle, remuant dans son geste la fumée du « Ninas » qu'il allume après chaque déjeuner. Colin et sa graisse blafarde, ses yeux jaunes, ses poils dans les oreilles, devant son petit café et son petit verre de Gauloise ou de Verveine tel que l'ont défait, à l'image de monsieur Schubert, 30 ans de « Maison ». Parfois on lui dit, rengaine rengaine : « tu fumes trop, tu bois trop... » A quoi Colin répond, rengaine toujours, l'argument le plus veule, le plus dégonflé : « Faut bien mourir de quéquechose ! »

30 ans de « Maison » ! Il se rappelle les « compliments » de la Direction le 2 janvier de cette année-là : ces remises de décoration aux plus anciens, et, délibérément grotesques, volontairement humiliants, ces dons de « Pin's » aux « plus méritants » obligés de les porter à la boutonnière. Dieu merci il n'en était pas !

Schubert les rejoint.

– On finit celle-là, lui dit-on, et tu rentres à la prochaine.

Colin jette les dés qu'il considère d'une moue dubitative

trahissant le relâchement que depuis quelques temps il apporte à la précision de son rasage. Quelques plages de poils gris percent déjà, couleur de mort, au mi de la journée, dans les reliefs irréguliers et crevassés, par endroits cyanosés, de son menton.

Il doit être à peu près une heure et demie car Colin découvre son poignet, lève la tête, jette un œil plissé par la fumée sur sa vieille breloque, un cadeau ancien de la fête des pères, et depuis, assure-t-il, il n'a rien reçu et c'est toujours à cette heure-là, Schubert l'a remarqué, qu'il regarde sa montre. « Question de routine ! » précise-t-il avant d'ajouter : « Routine encore ! Routine toujours ! »

– Vous comprenez, dit-il à un jeune stagiaire, depuis plus de trente ans que Schubert et moi on se tape notre 421 dans ce bistrot après déjeuner, j'ai une espèce d'horloge, je ne sais pas trop où d'ailleurs, et d'ailleurs on s'en fout, hein ? Qu'est-ce que ça peut nous foutre ? Hein ? L'important c'est qu'on sache qu'on a encore une demi-heure devant nous avant de repartir « bosser » et que ma montre me le confirme, pas vrai ?

Il roule le dé entre ses mains, le lâche sur le petit tapis vert, sort un 4, recommence, mais cette fois du bout des doigts... il jette l'éponge... le dé n'atteint pas le bord gris blanc de la piste et finit sa course sur un 3.

Ils sont toujours une vingtaine d'employés à traîner au Café Rose qui n'a rien de rose, ni l'enseigne, ni la tenture, ni les tables, ni la patronne, ni même les marches à la turque des toilettes pour hommes, rien.

Monsieur Schubert demande au patron la raison de ce rose. Celui ci le considère de son regard singulier, l'œil droit, plus gros que le gauche, se fait soudain si globuleux, désorbité que Schubert craint de devoir le ramasser sur le gris du zinc. Puis il lui répond « Rien », il se tait cinq secondes puis il répète « Rien... rien... » en appuyant son épaisse main droite sur le pommeau de son tirant de bière pour donner plus de consistance à ce rien :

– Café Rose, pourquoi pas ? De son autre main il lisse sa

moustache curieusement plus fournie du côté de son petit œil, ce qui accentue encore la dissymétrie angoissante de son visage. « J'ai pas d'explication... d'ailleurs j'aime pas qu'il y ait des explications ! »

Monsieur Schubert joue, perd, gagne, comme chaque jour, enjeu, somme dérisoire, semblable à chacun de ceux qui avec lui jouent et rejouent, prenant et jetant ces mêmes dés blancs aux trous noirs, peut-être ces dés aussi ont-ils trente ans ?

– Je... je ne joue plus ! dit soudain monsieur Schubert.

– On est au milieu de la partie, tu vas pas t'arrêter comme ça !

– Je... je ne joue plus...

Colin le regarde. Seul Colin ne dit rien. Schubert fixe son visage lourd, ses yeux qui ont grossi, lui semble-t-il, depuis quelques années, comme s'ils avaient vu trop d'images, ou trop toujours les mêmes, enfin des choses en double, en mille, la vie, les images de la vie, de tous les jours, qui se répètent, les mêmes toujours, pareils à une machine à faire des copies qui se bloquerait et qui sortirait toujours la même photo, la même figure, le même trottoir, le même ciel, et les mêmes gens, sur la photo, figés, saisis, qui ne bougent plus, s'empilent, s'engluent, se désagrègent, toujours les mêmes, dans son regard, ses yeux qui grossissent, protubèrent...

– Qu'est-ce qui te prend ? demande Colin.

– Je... je ne sais pas... fait monsieur Schubert.

– Écoute-moi, reprend Colin. Tu n'as jamais vraiment eu faim ?

– Pas... pas vraiment... fait monsieur Schubert qui ne voit pas où Colin veut en venir.

– Jamais eu soif ?

– Pas vraiment... Mais... mais qu'est-ce que tu voudrais me faire dire ? Qu'est... qu'est-ce que c'est que cet interrogatoire ?

– T'occupe pas ! T'as jamais vraiment non plus compté tes sous à toi, je veux dire, t'as fait attention, comme tout le monde, et encore c'est pas sûr, mais quoi... ça n'a jamais été au-delà ? T'as jamais vraiment « manqué » ? T'as toujours pu te payer ta petite « poulette » toutes les semaines ?

– Euh...

– T'as jamais eu trop froid, ou trop chaud ?

– N... non...

– Tu t'es jamais demandé où t'allais coucher le soir ?

– Non...

– Alors tu vois... est-ce que t'as même sauté un repas de ta vie parce que t'aurais pas pu te le payer ?

– Pas... pas vraiment, je... je ne me souviens plus...

– Alors qu'est-ce que tu racontes ? T'es comme tout le monde... t'es « pépère » ! Tu peux jouer avec nous !

Colin secoue la tête et se met à rire : « Je t'ai bien eu, hein ? » Mais derrière cette apparence de gaieté, il reprend aux yeux de monsieur Schubert son visage de noyé derrière ses murailles de formulaires et de papelards.

– ... et ça, continue Colin, jetant un coup d'œil sur la télévision qui parle toujours du Mur, et ça, vous croyez que c'est nouveau ? Vous croyez que c'est ça qui va changer quéquechose ? De toute façon ça va être l'heure. Allez, je le jette encore une fois, sans enjeu... pour le plaisir...

Il sort un 456 qui lui fait dire dans un petit rire d'impuissance goguenarde : « Je me maintiens ! Je me maintiens ! »

Puis tous, à la queue leu leu, d'un pas lent, mains dans les poches évasant le pantalon pour ceux qui sont sans manteau, ils rejoignent le porche d'entrée.

En sens contraire d'eux tous, venant de rues plus « chic » où ils ne risquent pas de se commettre avec le « tout-venant », quelques hauts « cadres » de la Société. Monsieur Schubert les reconnaît : d'abord Chevrier, le petit modèle jeune. Mannequin diplômé. Déjà mâté. A noter la cambrure, remarque monsieur Schubert. Fesses pleines. Tête légèrement en arrière. Double menton prévu. Costume gris. Le modèle suivant, Michaud, un peu plus avancé en âge, le type « Banque ». La chaussure est anglaise. Mocassins avec glands. Costume gris. De plus en plus gris. Un gris introuvable. Puis Camus, le modèle à calvitie précoce. Toit ouvrant. Tête d'œuf, bien dégagée. Pour le knout. Prêt à l'emploi. On remarquera le crâne : rien au-dessus ! Tout en dessous ! Lunettes en option. Enfin le dernier, Jacquet, le modèle coiffé. Un peu plus cher. Gris naturellement. Une seule teinte. A partir de quarante ans, seule nuance : même la peau se fait en gris. La langue ? Grise. Le nombril ? Gris ! Les idées ? Grises bien entendu, mais à la carte. Nos modèles sont à l'aise avec toutes les opinions. Monsieur Marge Brute, monsieur Marge Nette, monsieur Part de Marché et les autres franchissent ainsi, à vingt mètres de monsieur Schubert et de ses collègues, le portail strictement réservé à la direction. Non, pas d'enfants. Tout par clonage. Interchangeables. Livrables en boîte. A la sortie de l'École. Par paquets de douze.

IX

Il fait des cocottes en papier, ou des bateaux. Il cherche patiemment à retrouver les gestes accomplis lorsqu'il était enfant. Il exécute, sans faute croit-il, les premiers pliages. Puis il hésite. Plusieurs voies s'offrent à lui pour poursuivre : à cinquante ans passés, c'est extraordinaire ! Mais il s'engage dans une impasse, il ne retrouve plus les automatismes d'autrefois, il n'aboutit qu'à de l'informe d'où le retour est interdit. Il jette le tout dans la corbeille.

Il retrouve ses chiffres. Les chiffres, eux, n'ont pas changé. Seuls les machines ont changé. Et lui-même. Mais lui-même ce n'est pas très important. Il a encore dans l'oreille le bruit des machines qu'il employait jadis, lorsqu'il appuyait sur une manivelle et qu'une rangée de bâtonnets métalliques bondissaient dans un aboiement furieux pour mordre le papier, lui laisser leurs empreintes dont il lisait le résultat en oracle remonté de l'enfer des comptables.

Maintenant il a une machine électronique. On a essayé, il y a trois ans, de mettre à sa disposition un petit ordinateur. Mais il n'a jamais réussi à s'y faire. C'est depuis cet échec, aussi, qu'on a décidé de le reléguer dans ce mouroir, à tenir vaguement une comptabilité parallèle, avec des noms de comptes qui sont autant de noms de codes, derrière lesquels se camouflent quelques rémunérations, quelques tractations à moitié légales mais pleinement juteuses dont il vaut mieux pour tout le monde, leurs bénéficiaires et la paix sociale, qu'elles restent clandestines.

Il a pourtant essayé de progresser ! Il s'en souvient ! Il a fait de son mieux ! Il a travaillé le soir, il a travaillé à l'aube ! On s'est, à cause de cela, assez moqué de lui ! Mais il y a cru ! Il a même obtenu quelques témoignages sur papier de ses connaissances renouvelées, approfondies en comptabilité, il a même assimilé, dans une infernale victoire sur l'ennui, quelques notions de droit, il a encore été plus loin en « piochant » jusqu'à la nausée quelques tomes abscons de fiscalité. Alors pourquoi ? Pourquoi cette faillite ? Que s'est-il passé ?

Il a repris sa recherche. Comme une fourmi. C'est peut-être en fourmi, songe-t-il, qu'il prendra forme dans une prochaine vie. Il est déjà une fourmi qui parcourt chaque ligne, s'incruste entre chaque chiffre, l'investit. Cette fois, c'est en virus qu'il souhaiterait être changé. Un virus qui ferait exploser chaque nombre, réduirait toutes ses petites traces d'encre en nébuleuse de points et de taches. Jusqu'à ce qu'il n'y ait plus un chiffre sur terre.

Le début de l'après midi est le moment de la journée qu'il exècre. Alors il essaye de tuer le temps mais ce n'est pas un assassinat très glorieux ! Jamais il ne lui parut plus laborieux d'ouvrir les veines du temps et de faire saigner les heures. Pourtant il a l'habitude, et dans doute est-il l'un des meilleurs tueurs de temps de sa génération. Il aurait pu monter une entreprise de tueur de temps, d'assassin du jour. Il dit cela, mais il sait aussi qu'il est injuste envers le jour. Il n'a pas de raison d'exécrer le jour. Il sait que c'est lui qui est en cause. Quelle que soit la routine lépreuse dans laquelle il ne sait s'il s'est ficelé lui-même ou laissé ficeler, le matin ne se lève jamais, oui, jamais, sans qu'il se laisse aller à l'idée, aussi fugace, anémiée et terne soit-elle, que la journée pourrait lui révéler une nouvelle vie.

On frappe à la porte.

– En... entrez.

C'est madame Remoulin. Elle ne le salue pas. Mais on lui a dit – pour le consoler ? – que depuis quelques temps elle ne salue plus personne. Elle ne sourit pas non plus. Elle n'a pas de sourire : ce serait vraiment trop exiger ! Il lui a demandé une fois, depuis dix ans qu'ils se connaissent, enfin... se connaître est un mot bien vaste, ils ne sont jamais que deux poules dans un immense poulailler, seulement, et sourdement, préoccupées de la miette de pain qu'elles se disputent dans le mâchefer. Il lui a demandé pourquoi elle ne souriait jamais. Elle l'a regardé comme s'il l'avait priée de soulever sa robe. Elle a haussé les épaules, pincé les lèvres et prononcé intérieurement le mot de « sadique », puis, comme elle y prenait un vilain petit plaisir, de « satire », « pauvre type », « pauvre cloche », les pensant, les pesant, chacun, avec un tel poids de haine recuite, rampante, qu'il avait cru les entendre.

Madame Remoulin est donc entrée.

– Voilà vos tickets de cantine pour le mois prochain...

Il a essayé d'engager la conversation.

– Vous... vous avez vu les événements, madame Remoulin, le Mur, le... le Mur de Berlin qui est en train de tomber. C'est de l'Histoire, madame Remoulin, c'est... c'est de l'Histoire ou je ne m'y connais pas !

Il est vrai que cette chute n'est pas très habile : en quoi, il est vrai, s'y connaîtrait-il ? Il n'empêche, ces photos du Mur finissent par l'émouvoir, l'exalter, le désespérer aussi : il ne verra jamais ce mur. Jamais il ne participera à sa démolition. Mais du Mur madame Remoulin n'a que faire. Elle secoue la tête :

– Vous êtes tous là à vous intéresser à ces bêtises ! C'est du flanc, tout ça ! Qu'est-ce que ça change pour nous ? Quoi ? Rien ! Voilà ! Rien, rien qui change, jamais, rien ! Et pendant ce temps, ajoute-t-elle, « ils » en profitent pour augmenter la partie fixe du ticket de cantine ! Ça le Mur, oui ! Le Mur, on ne pense qu'à ça ! Mais 1 franc 50 de plus sur le forfait, ça, tout le monde s'en fout ! Et pourtant ça va durer drôlement plus longtemps que le Mur ! Alors allez-y sur le Mur ! Si ça vous chante !

Elle est repartie en claquant la porte. Madame Remoulin claque toutes les portes.

Il regarde ses tickets de cantine, tous ces jours dessinés dans le futur, cette programmation, cette chaîne qui s'ajoutent aux autres chaînes, rien de brutal, de métallique, de coercitif ! De petits bouts de papier, comme d'autres petits bouts de papier, tickets de semaine, cartes ceci, autre chose, qui le ligotent, l'emmaillotent, l'emprisonnent mieux que le bandage d'une momie. Il ouvre son portefeuille, glisse ses tickets à la place habituelle.

Puis il regarde à nouveau son mur, et, sur le journal, cette photo du Mur de Berlin qui s'écroule. Les murs de son esclavage, dans leur mollesse, et sans doute en raison d'elle, auront été en fin de compte d'un matériau plus résistant, plus impénétrable.

Un appel téléphonique le tire à nouveau de ses pensées, enfin si toutefois il peut appeler « pensée » cette piste intérieure qui ne le mène nulle part.

C'est Hennequin.

– Alors Schubert ! On avance ?

Schubert reste quelques secondes silencieux, puis répond d'une voix comme étouffée par un mouchoir : « Oui ».

– Ah ! Vous êtes là ! Je me demandais qu'est-ce que c'était que ce silence ! C'est inouï ce silence ! Alors vous en êtes où ?

– J'ai... j'ai retrouvé 1 franc.

– C'est tout ?

Il ne pensait pas entendre des félicitations, il y a longtemps qu'il a compris qu'à cet égard il valait mieux « ne pas trop en demander », mais au moins de discrets encouragements.

– Il ne reste plus que... que 10 centimes...

– Et alors ? C'est comme si vous n'aviez rien trouvé !

Monsieur Schubert se met à saigner du nez : il laisse couler, il s'en fout, il se prend à souhaiter, tandis qu'il éloigne le récepteur pour laisser les paroles d'Hennequin se perdre dans le vide, que l'écoulement aille jusqu'à son terme.

– Schubert !

Monsieur Schubert soupire.

– Vous soupirez ?

– Non... non...

– Mais si ! Je vous entends ! Ou alors vous respirez mal ! Prenez l'air, mon vieux ! Ou faites de l'exercice ! Je ne sais pas ! Inscrivez-vous dans un club ! Mais sortez, Schubert ! Sortez ! C'est mauvais de soupirer, très mauvais !

On n'a pas encore licencié pour motif de « soupir », pense monsieur Schubert.

– Et puis grouillez-vous un peu de retrouver cette somme ! Ce soir au plus tard !

Monsieur Schubert raccroche. Il regarde le papier... et s'il laissait tomber, en vrac ? Je ne cherche plus, j'abandonne... vos dix centimes feront ce qu'ils voudront, ils courront dans la nature, ils camoufleront des millions, après tout, peu importe, je vous les paye ! Mais je ne les piste plus, ils continueront à errer, anonymes, vicieux, prêts à tout fausser, tout mettre par-dessus tête ! Et je voudrais tant qu'ils mettent tout par-dessus tête ! Oui, arrêter ! Enlever le masque ! Cesser de faire semblant !

Et un coup de rasoir, oui, ce serait simple, un coup de rasoir. Dans l'eau. On ne saurait mourir que foudroyé. Attaque, crime, maladie qui monte au galop, et vous enlève ! Vent debout ! Ou suicide ? Comme tout le monde ! Tout le monde meurt de suicide !

On l'appelle. C'est encore Hennequin.

– J'ai vu Gaspard. Il attend votre résultat ! 6 heures ! Pile ! Et tâchez de faire « bonne figure », de ne pas « craquer » !

On a beau perdre pied, il faut jouer la comédie ! La comédie, il connaît ! Sait les répliques par cœur. Il a interprété toutes les scènes, endossé tous les rôles, singé tous les guignols ! Et en direct ! Autre chose que du théâtre ! Sur les seules planches où jamais le silence ne tombe ! Celles des chiffres, de l'Argent ! Leur Argent ! Jouer ! Jouer ! Continuellement ! N'a fait que ça ! Mensonge !

* * *

Encore un coup de fil ! « Ils... ils se foutent de moi »,

pense-t-il. « Ils se foutent de moi ! Je... je ne décroche pas ! » Cela sonne 10 fois. Il compte 15 fois et cela s'arrête. Le silence.

Puis cela reprend. 10 fois. Il décroche.

– Monsieur Schubert ! Eh ben alors ! On n'a pas que ça à faire de vous sonner ! Allez ! C'est vot'fils ! Au téléphone !

Un instant, il a cru qu'elle allait dire « votre fille ! ». De dépit, il baisse les yeux. Pourtant, malgré sa déception, il prend l'appareil :

– A... Alexandre !

Il l'a appelé « Alexandre », par contradiction, sans doute, avec sa propre absence de destin.

Ses yeux s'embuent. Il lui semble retrouver malgré tout un peu d'élasticité. Ses artères sont moins raides. Il n'est pas saisi de mollesse, mais de tendresse ! De sa vie, il ne sauverait que cela : son amour pour les siens. A cela il n'a jamais longtemps failli. Il se décerne un brevet de constance. Combien de fois, pourtant, ne l'a-t-on pas tenté de faire comme tout le monde, de s'en aller, de se « tirer », de « foutre le camp » ! Colin lui-même, et sa moustache, et sa graisse malsaine, il se le rappelle au moment où il quittait sa femme.

– Fais comme moi, lui disait-il. Balance tout ça ! Tu n'auras plus à te cacher pour aller voir tes « poulettes » ! Tu ne sais pas ce que tu perds !

En fin de compte, monsieur Schubert était resté, et peut-être était-ce aussi cela qui l'avait enchaîné à son bureau de comptable. Alexandre, Anna. Mais deux enfants, seulement, là aussi il avait donné dans le médiocre, l'assortiment, un garçon, une fille, et on s'arrête...

Alexandre a fini son service militaire il y a trois mois déjà et il n'est pas encore revenu chez lui. Il a prétexté quelques « affaires », et puis, comme on fait semblant de tout, on a fait semblant de croire à ses prétextes... monsieur Schubert et sa femme l'ont vu changer, en deux ans, un garçon plutôt « correct », devenir peu à peu sous leurs yeux une jeune brute. Et s'engloutir dans les mœurs du temps, la violence, se faire gloire de cette violence, n'appelant plus les filles que des « putes », ne parlant que de les « tirer », ils ont assisté à cela, décomposés, et sans force, sans point d'appui.

– C'est toi ! dit Alexandre au téléphone. Comment ça se fait que tu ne répondes pas ? T'étais sorti ?

– Non, mais... mais comme je venais... dit monsieur Schubert avec peine.

– Laisse tomber ! Je n'ai pas beaucoup de temps ! Je viens ce soir ! Vous êtes là ?

– Oui... bien sûr... tu... tu es où ?

– Je suis à Nice ! Et il fait beau ! J'ai vu ce matin à la télé que c'était couvert au-dessus de toi ! C'est toujours couvert au-dessus de toi ?

– Non, maintenant il fait presque... mais presque b... beau.

– Ah presque ! Presque ! Ça ne m'étonne pas ! Tout a toujours été dans le presque avec toi !

– Donc tu viens ce... ce soir ?

– Oui, je prends l'avion.

– Nous t'attendrons.

Et clac !

Monsieur Schubert reste avec l'appareil entre les mains. Pourtant, malgré la peine qui est la sienne, il ne retirerait rien de ce qu'il lui a donné. Il est sûr de n'avoir pas commis d'erreur. Cela semble mal finir pour des raisons qu'il perçoit mal. Mais il ne regrette rien. Il est même fier. Fier que cela n'ait apparemment servi à rien. Mourir nu. Il aura ce qu'il a voulu.

X

Il a trouvé 2 francs, mais en retrait, ce qui fait qu'il lui manque actuellement 2 francs 10. Il a aggravé le score. Où cela va-t-il s'arrêter ?

Intrigué, presque effaré de ce résultat, il recommence ses calculs. Il découvre alors avec stupeur que sa calculatrice, peut-être en raison d'une usure des piles, ne donne plus toujours des résultats exacts. En lui posant quelques opérations élémentaires, il constate que l'une d'entre elles est fausse. A 3 multiplié par 9 la machine a répondu 28. Il recommence. Cette fois elle affiche 27. Il recommence une fois encore. Toujours 27. Pourtant tout à l'heure, il a bien vu 28. Mais est-il sûr d'avoir vu 28 ? D'avoir bien vu 28 ? Il retape 3 fois 9. Toujours 27. A-t-il rêvé, ou quoi ? Avait-il voulu, tellement voulu plus ou moins inconsciemment que sa machine s'égarât et avec elle les chiffres du monde entier, qu'il s'était lui-même persuadé de cet égarement, de sorte que c'est en lui qu'il avait lu 28 et non sur le petit cadran de la calculatrice ?

Quoiqu'il en soit, il se met à douter affreusement de ces deux francs qu'il vient de retrouver. Il considère la masse des comptes. Il lui semble, dans le silence de son bureau qui n'est jamais plus étouffant qu'à cette heure de l'après-midi, que la masse se creuse, que les pages se tordent, s'excavent jusqu'à former le cratère d'un volcan où il va s'engloutir.

Alors il a posé son crayon.

Il s'est appuyé au dossier de la chaise. La vision de son fils lui revient. Bien fait de ne pas sortir ce soir. Cette bouffée d'espoir, tout à fait envolée. Et sa fille. Cette fille qu'il aime et dont il voudrait tant avoir des nouvelles, mais rien, rien ! Un fils... mais qui va devenir quoi ? Et 2 francs 10 maintenant qui se baladent, une calculatrice qui fait des erreurs à éclipses, ce PV qui l'attend, ces factures impayées, ce solde en banque qui fuit, cette lettre d'Édouard... et ce n'est tout de même pas avec les courses de cet après-midi... sans compter le problème d'Adeline auquel il faut trouver solution... mais pourquoi se soucier d'Adeline ? Bien sûr elle vient le voir. Mais bien sûr aussi elle se moque de lui... c'est évident, son jeu est « intéressé » ! D'ailleurs est-il « responsable » d'Adeline ? Ne pouvait-elle s'adresser ailleurs ? Mais si par hasard elle ne mentait pas ? Si, quoique se moquant, elle avait vraiment besoin de lui ? D'où lui vient cette sorte d'obligation sans cause ? De quel besoin, semble-t-il insatiable, de justification peut donc naître cette propension à répondre lorsqu'on l'appelle ? Pourquoi n'a-t-il jamais répondu « non » ?

– Monsieur Baillet ?

– Oui.

– C'est M'sieur Schubert... je... je voudrais vous voir.

– Ah !

– Oui, un... un petit service à vous demander...

Un petit rire étouffé lui parvient.

– Généralement, c'est pour ça qu'on m'appelle ! Mais j'ai l'habitude...

– Je peux pa... passer quand ?

– Oh Oh, maintenant si ça vous chante ! J'ai l'habitude...

– Je... je viens...

Il sort. Dans le couloir faiblement éclairé. Pourquoi ce couloir au bout duquel il est seul, comme une porte dernière au seuil du désert ou des glaces, pourquoi le voit-il s'élargir comme une route sous le soleil, une route au bord de laquelle il se trouverait en l'attente de la parcourir... il ne continue pas, les mots aussi se perdent, dans sa tête, comme les routes, tout au bout, dans les sables. Il parvient à la fin du couloir, il longe maintenant des bureaux vitrés dans lesquels des femmes, des hommes somnolent, bavardent, attendent 18 heures, lèvent les yeux sur son passage, le regardent, l'un d'eux lui adresse un petit signe : alors il prend en lui ce petit signe, qui devient aussitôt un grand signe. Il se dit qu'il les aime bien, qu'il les a toujours aimés, qu'il aurait suffi de si peu de choses !

Il frappe à la porte du bureau de Baillet, un petit homme court sur jambes, aux cheveux bouclés, visage rouge et menton orné d'une fossette en son centre. Baillet passe une bonne partie de ses journées à caresser son ventre comme s'il polissait un globe d'ivoire et affirmait ainsi, à la cantonade, qu'il n'est pas homme à nourrir envers lui-même une hostilité excessive. Il porte des lunettes rondes à large cercle autour de ses yeux ronds et bleus, ce qui donne un tour encore plus arrondi à son visage.

– Comment ça va, Schubert ? Qu'est-ce que je peux pour vous ?

Baillet s'imagine toujours qu'il « peut » quelque chose pour les autres. Après le sacrifice obligé au « Comment allez-vous ? », la question vient aussitôt : « Que puis-je ? » Non qu'il croie que toute visite soit intéressée. Il est seulement démangé du désir de « rendre service ». « Parce que », s'amuse-t-il naïvement à confier à qui serait tenté de voir là une présomption d'altruisme, « ça peut toujours servir » !

– Je... je voudrais une avance... si possible...

Le visage de Baillet s'illumine.

– Oh oh !

Son sourire s'épanouit, ses yeux brillent, jeteurs d'éclats, de leur centre vers leur circulaire périphérie.

– Oh oh, répète-t-il... des besoins imprévus ?... puis, sirupeux, levant sa petite main potelée de chanoine vicieux en signe de bénédiction : « ce sont les meilleurs... »

Ils sont interrompus par l'arrivée inopinée de sa secrétaire.

– Voilà, dit-elle tout essoufflée, c'est fait ! Vous avez « besoin » de moi ?

Elle dit « besoin » mais voudrait signifier « envie » : malheureusement, monsieur Schubert est là et un minimum de retenue s'impose.

– Alors ? fait Baillet pour donner le change, alors vous êtes contente ? Puis, à Schubert : « Mademoiselle Hirsch vient d'acheter une voiture neuve. Ça lui arrive tous les douze ans, m'a-t-elle dit. Alors elle est allée la chercher. Rassurez-vous... elle rattrapera le temps perdu !

– Je... je n'ai pas besoin d'être « rassuré », dit Schubert.

– Bien sûr, je sais qu'on peut avoir confiance en vous, mais compte tenu de l'ambiance actuelle... on ne sait plus où sont nos vrais amis... Puis, vers mademoiselle Hirsch : « Ça s'est bien passé ?

– Oui, mais on ne m'a pas fait de « cadeau »... qu'est-ce que ça veut dire à votre avis ?

– Je ne sais pas...

– Juste avant moi, il y avait un client qui a pris une voiture d'occasion, on lui a fait un « cadeau », et moi c'était une voiture neuve, on ne m'a pas fait de « cadeau »... qu'est-ce que ça veut dire ?

– C'est peut-être à la tête du client ? suggère Baillet.

– La tête du client ! tempête mademoiselle Hirsch. Qu'est-ce que ça veut dire la tête du client ! J'ai pas une tête de client ?

– Qu'est-ce qu'il vous a dit ? rengaine précipitamment Baillet pour contenir l'indignation de mademoiselle Hirsch.

Il m'a dit : « je vous ai posé la radio de votre ancienne, puisque vous vouliez la garder... donc je ne peux pas vous faire cadeau d'une autre. Je ne peux pas mettre deux radios sur votre voiture ». Moi je lui ai dit : « Pourquoi pas ? » Après tout c'est vrai, pourquoi pas ? S'il y en a une qui tombe en panne ! L'ancienne, ça fait douze ans qu'elle marche, mais ça ne veut rien dire ! On voit tous les jours des radios qui tombent en panne au bout de douze ans ! Alors je lui ai encore dit : « Si vous ne pouvez pas, donnez-moi autre chose... »

– Et qu'est-ce qu'il a dit ?

– Il a dit : « J'ai rien d'autre ! » C'est formidable d'entendre des choses pareilles ! Vous ne trouvez pas ça formidable ?

Elle secoue sa tête qu'elle a petite, fripée, empreinte de malheur et d'incompréhension, toute en émoi devant ces choses « formidables » qu'elle entend et qui bouleverse sa conscience du monde.

Elle reprend une troisième fois : « Vous ne trouvez pas que c'est formidable ? »

– Si, c'est « formidable », admet Baillet. C'est comme l'époque, c'est absolument formidable !

– L'autre, une voiture d'occasion, un « cadeau » ! Moi, une neuve, et pas de « cadeau » ! Pas « ça » ! Même pas un baril de lessive ! Même pas un moulin à café ! Même pas un « pin's » !

– Oui... eh bien c'est un peu long, nous avons compris, Elisabeth ! Maintenant si vous voulez bien nous laisser...

– Vous n'avez pas « besoin » de moi ? redemande-t-elle, avec un rien de pathétique dans ce désir si éperdu, et justifié, qu'on ait besoin d'elle.

– Non, Élisabeth, pas pour le moment ! Vraiment ! Merci de ne pas insister !

– Ah bon... fait-elle déçue.

Elle referme son petit sac qu'elle a ouvert sans raison et repart.

– Vous avez remarqué, dit Baillet à Schubert, elles ont toujours un petit sac qu'elles ouvrent et referment sans qu'on sache bien pourquoi... comme s'il n'y avait plus que ça pour leur tenir compagnie... et puis cette pauvre Élisabeth, c'est une écorchée vive !

– Nous... nous en sommes tous là, dit Schubert.

– En un sens, c'est vrai.

– C'est vrai en... en tous les sens...

Baillet hausse les épaules.

– Peut-être... mais elle, Élisabeth, il faut refaire le pansement trois fois par jour, alors vous avouerez... enfin... chacun ses petits malheurs... nous disions donc une « avance »...

– Une pe... petite...

– Par définition, les avances sont toujours « petites », murmure Baillet, j'ai l'habitude. Combien vous voudriez ?

– 2 000...

– Ouh là ! Et pour quand ?

– Dès... dès que vous pourrez...

– Je le fais immédiatement... je préviens le caissier.

– On... on peut toujours compter sur vous, Baillet... si... si tout le monde était comme vous...

– Dans la mesure de mes moyens, susurre-t-il ravi, en caressant son ventre... maintenant si vous voulez bien me laisser... je sens qu'il faut que j'occupe Élisabeth...

– Vous êtes sûr que je... je peux allez voir Gédéon dès maintenant pour l'argent ?

– C'est si pressé que ça ?

– Oui...

– Montez... je lui passe un coup de fil tout de suite.

Monsieur Schubert monte au 4e. De tous les bureaux, celui du caissier est celui qui a connu le moins de métamorphoses : il occupe une sorte de réduit plus grand mais guère plus convenable que le sien comportant un guichet en sapin verni qui le sépare de ses visiteurs.

Gédéon le regarde, quelques secondes immobile, puis il se lève, lourdement, pour venir au guichet.

– Qu'est-ce qu'il vous faut « encore » ? demande-t-il en frottant son revers de veste.

– J'ai... j'ai besoin de liquide...

Gédéon secoue la tête. Monsieur Schubert sent peser sur lui son œil glauque :

– Du liquide ? Comme ça ? En début d'après-midi ? Ce n'est pas bien, ça, monsieur Schubert, de prendre du liquide dès le début de l'après-midi ! C'est imprudent...

Monsieur Schubert fait la moue : il ne sait pas ce qui n'est pas bien. Mais Gédéon, lui, « sait ». Heureusement, pense monsieur Schubert, il y a encore des gens qui « savent ».

– Dites-moi, demande monsieur Schubert pour l'agacer, ça... ça ne vous dérangerait pas de me donner des petites coupures ?

Gédéon lève la tête de ses petits rangements, puis le fixe sans rien dire, de son regard de crapaud qui sort de la vase. Il se permet même d'allumer un de ces petits cigares « café au lait » qu'il affectionne et qui lui donne, croit-il, un air important. Il pense que la fumée de cigare, même petit, pèse plus lourd que la fumée de cigarette. Monsieur Schubert ne le contredit pas. Depuis longtemps il garde pour lui ses contradictions.

Gédéon prend le temps d'aspirer et d'exhaler lentement une bouffée avant de répondre.

– Si ça vous arrange, je serai bon prince, j'irai même jusqu'à tout vous verser en billets de 50 francs... ça me débarrassera... mais derrière ses paroles il dit autre chose, et monsieur Schubert entend, presque à mi-voix : « Qu'est-ce que vous allez donc foutre avec tout ce pognon ? Hein ? Où est-ce que vous allez encore claquer tout ça ? Et en pleine journée ! Mais où on va là ? Si tout le monde se met à claquer son pognon en pleine journée ! »

Il compte les billets. 2 000 francs ne font pas une somme énorme. Mais dans les mains d'un caissier, le moindre billet prend toujours une valeur magique : c'est à cela, a-t-on dit souvent à monsieur Schubert, qu'on reconnaît un « bon » caissier.

Humectage de l'index, puis claquement du même contre le papier, c'est en vrai professionnel que Gédéon défroisse et compte les billets. Ce faisant il ne lâche pas monsieur Schubert des yeux : « Et avec celui-là, qu'est-ce qu'il va s'offrir ? Et avec cet autre ? Il va aller au bordel ! C'est sûr ! Je vois ça d'ici ! C'est comme si c'était fait ! Comme si j'y étais ! Et plus un rond pour la fin du mois ! Tout est passé chez les « gonzesses » ! »

Ayant fini, il demande encore :

– Je vous les mets dans une enveloppe ?

– Oui, lui répond monsieur Schubert, et... et si vous voulez bien aussi retirer les é... les épingles...

Gédéon soupire, apostrophe : « Dites, vous ne trouvez pas que vous en faites un peu trop... »

Il retire tout de même les épingles.

– Et avec ça ?

– A... avec ça rien...

– Non, parce que parti comme vous étiez !
– A... allez... au... au revoir...
– C'est ça, au revoir... et le plus tard possible !
Il époussette encore les pellicules de sa veste bleue marine, puis, maugréant, et comme s'il replongeait dans un cloaque, retourne à son bureau sans quitter son cigare des lèvres.

XI

On l'a convoqué pour 15h38. Il ne comprend pas pourquoi 15h38. C'était une heure bizarre. Pourquoi pas 15h39 ou 41 ? Jusqu'à présent il n'y avait eu que les chemins de fer pour le convier sur leur quai à des heures aussi insolites. Où étaient donc passées les belles incertitudes d'antan : « vous passerez vers 15 ou 16h... »

Pour aller à la visite médicale, comme chaque année, il a noué la cravate noire, depuis le temps brillante d'usure, qu'il garde toujours dans son bureau. Monsieur Schubert connaît, par collègues interposés, et froidement « condamnés », l'inimitable tour des médecins d'annoncer le désespoir du ton enjoué qu'ils adoptent pour inviter leur « petit personnel » à s'esclaffer de leurs lamentables histoires graveleuses. De sorte qu'il vit chaque rendez-vous annuel avec la médecine du travail comme s'il devait être le dernier et préfère adopter d'emblée une « tenue de circonstances ». Il connaît aussi le docteur, ils ont débuté ensemble, puis vieilli à distance, surpris, presque désappointés de se retrouver chaque année :

– Encore vous !

– Encore là !

– Ce n'est pas comme votre collègue Pichon ! Depuis le temps qu'il exagérait lui aussi ! Je l'avais prévenu ! 15 ans que je le prévenais ! 15 ans qu'il me riait au nez ! Maintenant il ne rit plus du tout ! Vous ne l'avez pas revu ? Non ?

– Non.

– Qu'est-ce que je vous disais ! Et vos ulcères, qu'est-ce que ça donne ?

– Toujours pareil...

– Y a décidément pas grand-chose qui change... pas vrai ?

Cela, c'était l'an dernier.

Monsieur Schubert arrive à l'adresse qu'il a négligée de vérifier sur la convocation. Il entre, il cherche l'étage par habitude sur le panneau. La concierge sort, essoufflée, chignon empoussiéré :

– Vous cherchez la médecine du travail ? Évidemment vous êtes comme les autres, vous ne lisez pas les papiers qu'on vous donne ! C'est pourtant pas faute qu'on vous en donne, des papiers ! Vous faites tout comme une mécanique ! Ah je vous reconnais ! Vous venez chaque année... mais ça a changé, monsieur ! On évolue ! On va de l'avant ! Ici maintenant, ce sont des particuliers qui ont acheté l'étage ! Bon, vous avez de la chance, c'est pas bien loin, à 300 mètres, dans un immeuble refait neuf !

Monsieur Schubert sort, reprend sa marche sur le trottoir. Il fait assez beau, assez doux pour un mois de novembre. S'il ne savait pas son âge, il se croirait au printemps.

Il entre dans le bâtiment : ébloui par une lumière vive réfléchissant ses feux sur la dalle de marbre, il se croit au centre d'un immense grill entouré de spectateurs curieux de le voir grésiller comme un lardon.

Il quitte le centre du hall, s'approche du bureau d'« accueil ». Siège là une femme en tailleur mauve qui le considère avec une évidence si décourageante dans le mépris, un dégoût si palpable, une suffisance si hautement bornée qu'il a l'impression de subir sous l'apparence d'une question anodine : « Vous avez votre convocation ? » le plus abject, le plus policier des interrogatoires : « Nom ! Âge ! Profession ! Sexe ! Situation de famille ! Ah et puis ne vous approchez pas ! Reculez ! A six pas ! Tout de suite ! Ou j'appelle la sécurité ! ».

Elle lit distraitement le papier que lui a tendu monsieur Schubert, puis lui fait signe de passer, sans le regarder car elle fait attention à une mouche qui vole devant ses yeux :

– Bureau 604 ! 6e étage ! Ascenseur sur la gauche !

Monsieur Schubert s'en va.

Au 6e étage, il longe un couloir blanc dont les parois

vitrées donnent sur des bureaux. Il frappe au bureau 604. On lui dit d'entrer. Puis on le somme à nouveau de décliner son identité.

Il attend en présence de deux hommes qui discutent sur la meilleure façon d'obtenir un prêt. De temps en temps, une infirmière entre en se limant les ongles. Certaines sont jolies. Slip et soutien-gorge se détachent sous la transparence non équivoque de leur blouse. L'un des hommes leur met parfois la main aux fesses en riant. Monsieur Schubert pense que cela ne lui est jamais arrivé de se conduire ainsi. Et qu'en fait cela ne lui est jamais arrivé de se conduire tout court : il a toujours été « conduit ». Il se fait l'effet d'une marionnette, d'un pantin dont aujourd'hui seulement il apercevrait les ficelles et les manipulateurs.

On l'appelle enfin. Il entre dans un nouveau bureau. Un homme assis sur son fauteuil lui tourne le dos, visage vers la fenêtre, pieds sur le radiateur, la bouche entrouverte, du moins ce qu'il entrevoit, sous le travail, semble-t-il obstiné, d'un cure-dent dont la pointe envoie soudain une petite boule de matière brune se coller contre la vitre. L'homme se retourne.

– Tiens, dit monsieur Schubert, ce... ce n'est plus le docteur Prunier qui nous examine ?

– Non, le docteur est parti ! Oui, nous sommes ainsi nous les docteurs : A force d'en faire partir, c'est nous qui partons !

– Il... il lui est arrivé quelque chose ?

– Non, rien, il est parti, c'est tout !

– Et... et pour où ?

Le nouveau docteur est jeune, dans les trente-cinq ans. Il a les doigts de la main droite jaunis de tabac.

– On ne sait pas ! Un jour il est parti. Il a pris ses instruments, il a dit vaguement que la coupe était pleine, on n'a jamais su de quelle coupe il parlait. Il a dit seulement qu'elle était pleine et il s'est cassé !.. Bon, alors vous ? Pas de bobos ? Pas de maladies ? Vous vous sentez bien, oui ? Envie de bosser ? La pêche ! C'est qu'il faut avoir la pêche !

Par les temps qui courent ! Allez, montrez-moi votre pêche ! Non je veux dire : déshabillez-vous !

Il ausculte monsieur Schubert, lui prend sa tension, l'invite à passer derrière l'écran de radiographie.

– Il ne marche pas, mais ça ne fait rien ! Allez-y !

– Mais à quoi ça sert ? S'il... s'il ne marche pas ?

– A respecter les rites, mon cher ! La liturgie ! Même vidé de sens, un rite reste un rite ! De toute façon je ne suis pas responsable du matériel ! Alors s'il vous plaît !..

Faisant mine d'examiner ses poumons, il lui parle dans l'obscurité du petit cabinet.

– Vous ne fumez pas ?.. vous ne buvez pas ?..

Puis il rallume et ils repassent ensemble dans son bureau.

– Désolé, mon vieux, mais je crois pouvoir vous l'affirmer : rien à signaler ! Si vous comptiez là-dessus pour vous faire remarquer ou être mis à pied, c'est loupé ! Va falloir vivre, mon vieux ! Vivre !

Monsieur Schubert prend sa chemise, sa cravate noire.

– Et... et mes ulcères ? demande-t-il.

– Quoi, vos ulcères ?

– Ben oui, le docteur Prunier me parlait toujours de mes ulcères...

– Oui... je sais... vous n'êtes pas le premier à me dire ça... les ulcères, c'était son dada ! A croire qu'il n'avait que ça en magasin ! Vous voulez des ulcères ?

– Pas... pas spécialement, mais simplement savoir si... si j'en ai ou pas ?

– Quels symptômes ?

– Des aigreurs...

– Oui, ben ça mon vieux, des aigreurs... vous repasserez ! Parce que s'il fallait faire attention aux aigreurs, on mettrait tout le pays à pied !

Monsieur Schubert se rhabille lentement sous l'œil goguenard du docteur.

– Et... et vous pourriez me dire, lui demande encore monsieur Schubert, pourquoi vous... vous riez en me voyant me... me rhabiller ?

Le docteur hausse les épaules, remplit un formulaire et le tend à monsieur Schubert sans le regarder.

– C'est sans importance... dit le docteur. Allez ! A l'an prochain !

Monsieur Schubert sort. Plutôt que de rentrer au bureau, il va s'asseoir dans un petit square tout proche. Une petite fille assise sur une pierre joue avec un petit lapin. Monsieur Schubert la regarde, seule et heureuse, serrer son lapin dans ses bras. Elle lève la tête, l'aperçoit. Ses yeux vagabondent, puis reviennent vers lui pour lui sourire. Elle quitte sa pierre, s'approche de son banc et lui demande s'il aime son lapin. Il dit « Oui, tu as un très joli lapin ». Alors elle monte sur ses genoux, passe ses bras autour de son cou et l'embrasse en riant. Il la serre un instant contre sa poitrine, crispe ses yeux sur son petit foulard vanille, bientôt saisi de la peur de l'étouffer du bonheur qu'il a de la tenir contre elle.

Elle quitte son visage, le regarde sans cesser de sourire, repart jouer, mais rapidement revient vers lui :

– Est-ce que tu as une petite fille toi aussi ?

Elle le fixe d'un seul œil, l'autre étant plissé en raison du soleil qui éclaire son visage. Il connaît alors la certitude, grâce à la voix de cet enfant, que cette journée ne sera pas tout à fait perdue.

– Oui, dit-il, j'en... j'en avais une, mais elle est devenue grande.

Sans qu'il sache pourquoi, l'enfant se met à rire de cette réponse, d'un rire qui n'a d'autre cause que le simple bonheur de vivre, d'un rire qui tout à coup, lui aussi, le force à rire, à rajeunir, et, une seconde, à s'aimer lui-même.

Puis elle se retourne, s'éloigne en sautillant, monsieur Schubert baisse la tête, et la vie, qui vient de se faire si légère, reprend, d'un coup, le poids insurmontable des jours.

* * *

– Dites donc, Schubert ! l'apostrophe l'employé à qui il remet son billet de visite médicale, il vous en a fallu du temps ! 1h30 d'absence ! Eh bien mon vieux ! Qu'est-ce qu'ils vous ont trouvé pour ce prix-là ? Montrez-moi ça !

L'employé prit connaissance du billet :

– Rien ! Et en bonne santé avec ça ! Bon nous allons ranger ça !

L'homme sortit un classeur, l'ouvrit, en tira une liasse maintenue par un trombone.

– Tenez ! Toutes vos visites ! Depuis que vous êtes là ! Vous devez battre un record ! Il faudrait que je fasse vérifier... Regardez les premiers certificats ! Ils ont jauni ! Faut dire qu'à l'époque les papiers n'étaient pas d'une qualité aussi bonne qu'aujourd'hui ! Ah aujourd'hui les papiers ne jaunissent plus ! On fait vraiment des papiers de qualité ! Si vous revenez dans trente ans, vous verrez que le billet de ce jour sera toujours aussi blanc. Dites donc, j'espère pour vous que dans trente ans, on pourra encore inscrire à votre sujet la même conclusion : « Apte au travail ». « Ah Ah apte au travail ! Ben allez mon vieux ! Allez ! Au travail ! » ajoute-t-il en ricanant, ses deux bras en mouvement comme pour le pousser sur la piste d'un cirque où l'attendrait une « bronca » d'enfer ! « Allez, vieux clown ! Au trapèze ! Épate-nous ! Fais-nous jouir ! Écrase-toi ! »

XII

Hennequin revient. Il semble échauffé. Son visage est plus rouge qu'à l'accoutumée, ses yeux plus brillants. Ses mains tremblent légèrement.

– Alors cette erreur ?

Il souffle la fumée de sa cigarette au nez de Schubert. Il s'est fait, face au « petit personnel », une spécialité des « petits gestes » qui blessent sans risque : souffler la fumée de sa cigarette, mais aussi ignorer une salutation, ne pas saisir une main tendue, dérober son regard, tourner le dos, épousseter le revers de sa veste d'un parasite imaginaire quand on lui parle, faire attendre : « là où il n'y a pas de danger, a ironisé un jour Colin en le regardant sans espoir de son œil délavé, un homme d'affaires ne manque jamais de courage ».

Schubert le regarde, appuyé contre le dossier de sa chaise.

– Alors ?

– A... alors... 2 francs 10, j'en suis à 2 francs 10 ! J'ai d'abord retrouvé 1 franc... et... et puis deux francs sont revenus par la dessus...

– Donc zéro ! Non seulement on n'avait qu'1 franc 10 d'écart, mais maintenant on en est à 2 francs 10 ! Qui cachent quoi ? Combien ? Entre nous vous auriez pu vous passer de retrouver 2 francs ! Car maintenant nous sommes en plein brouillard ! Mais alors totalement ! En attendant, je vous garantis que si vous l'avez fait exprès, ça va chauffer ! Les comptes de la société peuvent être vraiment n'importe quoi ! Bravo !

– Co... comme tous les comptes... Et... et puis qu'est-ce que vous voulez que j'y fasse ?

– Inventer ! Bon Dieu ! Inventer ! Il est nécessaire que ce soit juste... donc arrangez-vous pour que ce soit juste ! Vous le compreniez bien, ça, autrefois... ! Si ce qu'on m'a raconté est exact...

– Et... et je ne sais pas ce... ce qu'on a pu vous raconter...

A ce moment-là, monsieur Schubert a mal aux dents. Une molaire sur le côté gauche. En bas. Lorsqu'il était adolescent, il avait eu mal déjà, des jours durant, à cette même dent. Des nuits d'une rage silencieuse. A travers ce mal, tout le reste s'effiloche, part en lambeaux, il n'entend plus le bavardage perfide de Hennequin que dans la vague rêverie d'un monde où l'on ne souffrirait plus.

Hennequin susurre, sur le ton de l'ironie, qu'il a prêté la main, lui, Schubert, à quelques « maquillages », « au mieux appelons ça quelques arrangements » de chiffres dont certains avaient gardé mémoire.

– Quand on fait passer des stocks de quelques 30 millions de francs à un franc symbolique sous prétexte qu'ils sont constitués de « rossignols »... excusez-moi ! Sans oublier l'année où pour conclure un bilan, vous avez, en l'absence de stocks dûment vérifiés, imaginé ce que vous avez nommé des « stocks psychologiques ». « Stocks psychologiques ! » Évidemment c'est plus expéditif ! La formule mériterait d'ailleurs de figurer dans une anthologie de la magouille comptable !

– Et... et c'était pourtant bien la... la vérité.

– La vérité ! La vérité ! Mais qu'est-ce que vous voulez que ça me fasse !

– Il s'agit de trouver une erreur, ou... ou de maquiller des comptes ?

– Écoutez Schubert, vous avez fait ça toute votre vie ! Et de toute façon, si ce n'est pas vous, quelqu'un d'autre le fera !

– N... non.

Hennequin secoue la tête, cette tête d'homme épanoui « en pleine force de l'âge », donc « en pleine force de meurtre ».

– Schubert... Vous savez ce que vous faites ?

Il ne répond pas. La question l'intrigue bien au-delà du

problème à propos duquel Hennequin la pose : quand, en réalité, a-t-il su ce qu'il faisait ?

Hennequin reprend sur un mode agacé :

– Vous n'allez tout de même pas me dire que vous ne trouverez pas ou ne rattraperez pas cette différence !

Monsieur Schubert secoue la tête : il sent tout le plomb de sa vie peser sur ses épaules.

– Non, dit-il.

Hennequin prend alors la chaise, s'assied en face de lui.

– Schubert... qu'est-ce que ça veut dire « non » ?

– Ç... ça veut dire ce que ça veut dire...

– Schubert, vous savez ce que vous risquez !

Risquer ? Quel est le sens de ce mot ? Qu'on lui applique, ne serait-ce qu'un instant, cet actif « risquer », il lui semble, perdu dans sa fatigue, redevenir un enjeu, quelqu'un qu'on regarde à nouveau, dont on suppute les chances, comme un cheval ! Vaudrait-il un cheval ?

– Que voulez-vous encore que je risque ?

– Vous savez, Gaspard ne fait pas dans le détail... votre ancienneté ne garantit rien.

– La... garantie ! Il y a trente-trois ans que...

– Que quoi ?

– Rien.

Hennequin secoue la tête :

– Je vous aurai prévenu ! Je dégage toute responsabilité !

Monsieur Schubert lève enfin ses yeux vers lui :

– Et... et vous... vous n'avez qu'à tout me mettre sur le dos ! Question d'habitude ! Et... et imprimer ça en première page ! « Un comptable fausse les comptes et... et met 2 francs 10 dans sa poche ! »...

La sonnerie du téléphone l'interrompt. Monsieur Schubert décroche puis tend le combiné à Hennequin : « C'est pour vous ». Hennequin prend l'appareil, écoute puis glapit :

– Il a réussi Jeanteur ? Il a de l'argent ? Il a combien d'argent ? Peut-il prouver qu'il a de l'argent ? Qu'est-ce qu'il peut afficher comme biens ? Quel logement, avec quelle terrasse, quelles maisons, quelles voitures, où passe-t-il ses vacances ? Une femme, deux femmes, trois femmes, nues, habillées, plaquées or ? Il faut être précis, mon vieux, précis ! Qu'est-ce qui nous assure que Jeanteur a réussi et qu'en conséquence, en toute conséquence il a de l'Argent, qu'il est Argent et que ça se voit tout de suite qu'il est Argent !

A mesure qu'il parle, monsieur Schubert le voit se tasser, voûter, ses cheveux tomber, mèches défaites, se balancer, raides, mèches, une par une, à mesure qu'il répète, à satiété, insatiable, le mot argent, Argent, Argent, le découpant, goûtant, mâchant, se l'incorporant, tandis qu'il se rétrécit, se love, met en boule autour du mot qu'il semble voir, objet fascinant, devant lui, sur le bureau de monsieur Schubert, Argent, pour le protéger, ses mains tremblantes, trop rouges et soudain trop jaunes, il répète, chuchote « Argent... est-ce que Jeanteur a réussi, est-ce qu'il a de l'argent ? Parce que, vous comprenez, s'il n'a pas d'argent, s'il n'a pas réussi, vous comprenez, ce n'est pas, vous comprenez, pareil, ici, vous comprenez... avec quoi est-ce qu'il va nous payer, nécessaire de nous payer, renseignez-vous et rappelez-moi ! »

L'appareil reposé, il se redresse, toise monsieur Schubert et reprend :

– Puisque vous le prenez sur ce ton, j'ai autre chose pour vous ! fait-il alors, la rage joyeuse de sortir enfin sa « botte » faisant saillir une énorme veine sur son front. Nous avons reçu aujourd'hui du « papier bleu » ! Une demande de saisie arrêt sur salaire ! De la part de votre banque !

Satisfait de son effet, Hennequin fait un demi-tour en pirouette et quitte.

Monsieur Schubert, le cœur légèrement accéléré, appelle alors sa banque :

– Ma... madame Bouffinelli, s'il vous plaît...

Madame Bouffinelli est une quinquagénaire repue aux lèvres ombrées d'une moustache manifestement rétive au blanchiment.

– Monsieur Schubert ? Eh bien qu'est-ce que c'est que ces

comptes ! le « crève »-t-elle d'emblée. On a été obligé d'écrire à votre entreprise !

– Vous... vous auriez pu me joindre avant ! Et... et on aurait pu essayer de s'arranger ! De... de quoi j'ai l'air moi maintenant !

– Comment de quoi vous avez l'air ! Mais ça me regarde pas moi votre air ! Moi je m'occupe pas de la vie privée de mes clients ! Et puis d'abord ne le prenez pas sur ce ton, monsieur Schubert ! Nous n'y pouvons rien ! Moi je ne suis pas responsable du fait que vous vous permettez de dépasser le « plafond » de découvert autorisé ! Vous n'avez qu'à vous en prendre à vous-même ! Elle est forte celle-là !

– Tout de même depuis que je... je suis client chez vous !

– Un petit client, monsieur Schubert ! Un petit ! Sauf votre respect !

– Et... et alors ?

– Alors justement ! Vous devriez faire d'autant plus attention ! Si vous croyez que je fais pas attention moi !

Monsieur Schubert la voit, comme s'il y était, ramener d'un geste satisfait sur sa poitrine de fromagère une espèce de lainage bleu foncé en grosse poule vaniteuse reprenant ses esprits après que le coq l'a exaucée.

– Ça c'est sûr, reprend-il, que si... si j'étais « untel ou untel »...

– Comment ça « untel ou untel » ? Qu'est-ce que vous voulez dire par là ! D'abord qui c'est « untel ou untel » ? Mais moi ce serait exactement pareil si « untel ou untel » dépassait son « plafond » ! Et puis d'abord, est-ce que vous vous appelez « untel ou untel » ? Non ! Alors ! Je vois vraiment pas ce qu'« untel et untel » vient faire là-dedans ! Vraiment vous êtes en train de vous enfoncer !

– Il... il n'empêche qu'avec les « gros »...

– Et alors ! Non mais on dirait que vous êtes né de la dernière pluie ! On est bien obligé de faire des conditions aux « gros » comme vous dites ! Et comment voulez-vous qu'on fasse des conditions aux « gros » si on n'est pas strict avec les « petits » ! Mais c'est le B A BA du métier, ça, m'sieur Schubert ! C'est pas de ma faute, moi ! Alors arrêtez de vous en prendre à moi ! Vous êtes tombé sur la tête ou quoi ! Moi j'y suis pour rien !

– Mais... mais je... je ne m'en prends pas à vous spécialement !

– Je vous demande pardon ! Depuis le début vous vous en prenez à moi ! En tout cas, maintenant, tout est entre les mains du contentieux ! Moi, votre entreprise, je connais pas ! Comme ça moi je suis tranquille ! Tranquille ! Moi je n'aurai pas « d'ardoises » avec mes clients ! Ça jamais !

Monsieur Schubert ne répond plus : il laisse encore madame Bouffinelli s'échauffer jusqu'à lui dire : « Eh ! Vous êtes encore là ? Qu'est-ce qui se passe ! Répondez au moins ! » puis il raccroche après l'avoir laissée quelques instants dans le vide. Il se passe la main sur le visage, range la balance et les comptes sur lesquels il a passé sa journée, puis demeure immobile, le regard fixé sur la porte de son minuscule bureau.

XIII

Un peu plus tard, il n'a pas mesuré le temps, il est resté prostré, Adeline a de nouveau frappé à sa porte. Sa pensée ne l'a guère quitté. Il va donner de l'argent à Adeline. Demain, peut-être, le ciel le récompensera en lui permettant enfin de joindre Anna. Demain. Le ciel. Il sait au fond de lui qu'il n'en sera rien. Le ciel ne lui a jamais répondu. Demain sera le même et triste jour, le même et unique matin se lèvera sur son univers. Demain sera comme aujourd'hui, qui lui-même est comme hier, et après-demain sera comme demain : le courage d'affronter le jour, dix mille fois répété, n'a servi à rien.

Elle entre, enjouée, prête à sortir, c'est la fin de la journée, encore embellie de ce privilège des plus jeunes de pouvoir effacer de quelques applications de poudre les agressions de la journée.

– Voilà, dit-elle...

Il paraît à monsieur Schubert que sa gaieté est trop appuyée, trop exubérante. Elle se lance dans une tempête d'explications sur la difficulté de sa vie, sa solitude, ses parents...

– Tu... tu n'as pas besoin de t'expliquer, lui dit-il.

– Oui, mais c'est parce que je voudrais que vous compreniez...

– Je... je comprends... et... et ne t'en fais pas pour ça... j'ai... j'ai eu une fille moi aussi, et cette fille... je voudrais... je voudrais l'aider comme toi... et le reste ! Oh le reste... n'a pas grande importance... prends donc cela...

Elle tient l'enveloppe dans sa main de manière tellement gauche qu'il se demande si elle ne va pas la lui rendre.

– Je vous dirai comment ça s'est passé... dit-elle en la mettant enfin dans son sac.

– J... je ne veux pas savoir de quoi il s'agit.

– Il s'agit d'aider une copine à faire passer un gamin, c'est tout !

– Donc ce... ce n'est m... même pas pour toi !

– Vous m'en voulez ?

– Non, dit-il, je... je...

Il ne poursuit pas. Bien que déçu de la voir pressée de le quitter, il est heureux de penser que si l'on savait ce qu'il vient de faire, il entendrait dire un fois de plus : « Ce pauvre Jean s'est encore laissé avoir ! »

Adeline se lève, se penche vers lui pour le remercier. Mais, à son corps défendant, il recule : « Oh... oh ce n'est pas la peine... tout cela n'est rien ! »

Après son départ monsieur Schubert reste quelques instants immobile, puis il se lève brusquement pour tenter de la rattraper.

– Adeline ! Adeline !

Mais la jeune femme disparaît dans un coude du couloir. Il ne saura jamais si elle l'a entendu.

Resté seul, promenant une fois de trop son regard fatigué sur les murs jaunis qui l'enferment, il perçoit que le plus dur, ce n'est pas encore ce bureau, ou même la solitude, mais le sentiment diffus, qui s'affûte en lui de jour en jour, qu'au fond l'on attend gentiment qu'il meure, ou plutôt qu'il meure gentiment. Oui, gentiment... le mauvais goût les peinerait...

« Gentiment... Schubert ! C'est encore une « chance » !

« Oui, pense-t-il vraiment, c'est encore une chance ! »

Fébrile soudain, il prend alors son téléphone et décide d'appeler quelqu'un. N'importe qui. Tout son répertoire. Même s'il est court. Alors il y a ceux qu'il n'a pas trouvés, et puis les autres. Des gens dont il attendait quelque chose comme autrefois on avait peut-être attendu quelque chose de lui, et puis voilà... après tout... à leurs boulots ! A leurs affaires ! A leurs maîtresses ! A la sacristie ! Aux toilettes ! Oui... il a même entendu ça : « Monsieur est aux toilettes, on ne peut pas le déranger ! » Tous pris, agglutinés ! A leurs confitures ! A leurs emmerdes ! Non ! Pas le temps ! De rien ! Prendre un verre ? Non mais ça va pas ! Impossible ! Débordé ! Rien à cirer ! Si tu savais ! Qu'est-ce qu'on y peut ? S'il fallait... !

XIV

Juste avant l'heure de sortir, Fernand lui porte un flot de publications et lui parle du résultat des courses.

– Et... et tu as les arrivées ? demande monsieur Schubert.

– Oui... dans le lac... je ne sais pas ce qui s'est passé... j'aurais bien voulu écouter ça avec toi, mais je ne savais pas où tu étais...

– Et... et j'ai été absent une partie de l'après midi...

Fernand repart, passant sa main noire dans ses cheveux bouclés sur son crâne abrégé par derrière. Fernand a quarante-huit ans et il ne sait pas quoi en faire. « J'ai quarante-huit ans », dit-il toujours, avec un air vague de comploteur, comme s'il voulait qu'on les lui joue au bonneteau, ou mieux, qu'on les lui achète ! Mais ils ne sont pas vendables. Question de laideur. Il est laid et il le sait : alors il pousse sa laideur devant lui, d'un geste du bras, comme s'il ne voulait pas la montrer tout à fait, tenait à rester en retrait, l'air de dire, comme cherchant quelque chose : « Cette saloperie, c'est pas moi ! Moi je suis derrière ! »

Monsieur Schubert reste encore dans son bureau une dizaine de minutes à feuilleter les publications apportées par Fernand. Puis il les referme, brusquement, incapable de supporter plus longtemps cette hémorragie dans le vide, ce consentement à la honte que signifient ces pages tournées, inutiles, dévastatrices. Violence et sexe : quelle que soit la publication, les journalistes se contentent de sucer avec application ces deux mamelles de la culture moderne. Comme aimait à le proclamer Gaspard : « l'édition, en définitive, c'est quelque chose de très simple : une page pour les principes, une page pour la braguette ! Avec ça vous couvrez 90 % du marché ! »

Le téléphone sonne. Il est rare qu'on l'appelle à cette heure. Il décroche avec espoir puis son expression s'affaisse.

– Jean ? C'est « édûard » !... Tu m'entends ?... Tu m'écoutes ?

– Oui... oui.

– Non, parce que ce n'est pas très vif tout ça ! Dis « muha »... tu as reçu ma lettre ?

– Oui...

– Comme je n'avais pas de tes nouvelles, je me demandais si la Poste, une fois de plus... ces grèves tournantes...

– Non... non, ra... rassure-toi...

– Oh tu sais, « muha » je suis toujours rassuré ! Bon et bien si tu l'as reçue, je pense que tu y as réfléchi, que vous y avez réfléchi, plutôt, Hélène et « tuha » ?

– Hélène et qui ? demande monsieur Schubert pour gagner du temps.

– Je disais Hélène et « tuha ».

– Il... il n'y a pas tellement à réfléchir...

– Je suis heureux de te l'entendre dire, mais j'aurais été encore plus heureux si tu m'avais appelé « tuha » même à mon bureau.

– Tant... tante Madeleine nous a donné cette théière, et... et je ne vois pas ce qu'on peut dire d'autre...

– Mais tu disais « tuha » même...

– Je... je disais quoi moi-même ?

– Eh bien j'avais cru comprendre à entendre le début de notre entretien que tu étais bien d'accord pour nous la restituer, et ne pas faire une « histuare » de...

– Non... non, nous... nous on ne fait pas une histoire... on... on ne fait jamais d'histoire...

– Ce serait tout de même idiot de se brouiller pour une affaire de théière ! En tout cas ce n'est pas nous qui en prendrons la responsabilité...

– Tu penses !

– Je pense que tu ne remets pas en cause le bien-fondé de notre position. Tante Madeleine nous a...

– Oui... oui je sais, vous a laissé tous ses biens, y... y compris donc cette théière... et... et vous n'avez aucune responsabilité dans cette affaire...

– Eh bien « vualà » !

– M... mais il se trouve qu'elle a pris la liberté de nous la donner.

– Je suis navré de te contredire, Jean, mais c'est une liberté qu'elle n'avait pas... et comme tu le reconnais « tuha » même nous n'y sommes pour rien puisque elle seule a fait son testament sans jamais qu'à aucun moment Nunzia et moi ne soyons intervenus...

– U... une liberté que vous pouvez lui rendre...

– Ce serait avec plaisir si Nunzia, comme tu le sais, n'était très attachée à cette théière et serait très blessée si...

Édouard ne continue pas. Il entend la ponctuation régulière émise par la ligne coupée.

Quelques secondes plus tard, le téléphone se remet à sonner. Monsieur Schubert hésite, puis le soulève pour le laisser platement retomber.

Avant de partir, il prend les revues et commence à les jeter dans sa corbeille déjà trop pleine. Il pense alors à sa femme qui lui dira une fois de plus :

– Et les revues ? Tu as encore oublié de me rapporter les revues ? Décidément tu penses de moins en moins à moi !

Il s'avance vers la porte de son bureau, le considère d'un œil attentif, révolté, donc tendre. Le bureau le regarde aussi, les meubles, la lampe, les murs, cette tache encore des deux chasses d'eau près du plafond. Il éteint, ferme la porte.

Il marche lentement, de ses pas sans bruit, et sans force, sur un parquet, un lino de nuage couleur crème, ainsi que jamais ne sont les nuages, mais ce sont tout de même des nuages.

Sur le palier du 3e étage, il tombe sur Nicole et Hennequin, côte à côte, en pleine complicité rieuse.

Nicole, le toisant : « Vous partez déjà ? Je croyais que vous deviez rester jusqu'à ce que vous ayez trouvé, et rectifié ! » Puis, vers Hennequin : « Parce qu'il n'a pas trouvé ? C'est ça ? Il n'a pas trouvé ! »

Hennequin : « Non seulement il n'a pas trouvé, mais il a encore assombri le tableau ! »

Nicole : « Je te l'avais dit ! C'était couru d'avance ! »

Hennequin : « Pendant que je vous tiens, Schubert, vous êtes convoqué demain chez Gaspard ! »

Monsieur Schubert : « P... pourquoi ? »

Hennequin : « Pour affaire vous concernant ! »

Monsieur Schubert : « C'est... c'est-à-dire ? »

Hennequin, haussant les épaules : « Vous le saurez bien assez tôt ! »

Nicole, irradiant : « C'est atroce ! »

Ils passent leur chemin, et reprennent leurs rires à l'endroit où ils les avaient laissés, intacts, heureusement ! Casser un homme, casser un rire, il faut choisir.

Et monsieur Schubert entend, dans l'imperceptible glissement de l'air le long de leur corps se déplaçant, ce sifflement maladif dans ses oreilles : « Has been ! Has been ! Never been ! »

Il croise quelques collègues qui le saluent d'un mouvement de tête, mécanique, indifférent. Puis il retrouve la rue, la rue semblable à elle-même et qu'il eût fallu aimer.

Passant devant le Café rose, apercevant Adeline au bar, il s'arrête quelques instants pour la regarder. Elle rit et boit, belle et heureuse d'apparence. Elle lève son verre blanc où le liquide s'agite en tempête, débordant ses lèvres d'où descendent, blanches, pétillantes, deux sources qu'elle rattrape sous son menton. Elle tourne soudain son visage, l'aperçoit, devient grave, ses yeux dans les siens, puis elle lui sourit, mais contrainte, légèrement, les traits forcés.

Il se plaît alors à imaginer – il ne peut plus être « heureux » qu'en se faisant mal – qu'elle lui a menti : peut-être est-ce pour elle-même qu'elle a besoin d'argent, et libérée maintenant de ce souci, elle peut avoir cette mine satisfaite, au triomphe à peine rentré, qu'elle étale à travers la vitrine embuée. Mais qu'importe ?

Gauchement, dans un mouvement d'une hypocrisie

affleurante, elle l'invite à rentrer. Il est tenté d'obéir quand un ultime sursaut de dignité lui dicte un geste négatif de la tête. Non, il ne peut pas. De toute façon il n'est plus dans le coup.

Alors il s'éloigne, disparaît dans la nuit blanche, bleue, verte, rougie par les fluorescences qui par rafales le mitraillent de leurs jets de lumière tandis que le reprend son mal de dents.

Rentrer du travail. Rentrer de se tuer. Il a d'abord dit : « Je m'y ferai ». Et puis il a dit : « Je finirai par m'y faire ». Il a encore dit : « Je ne m'y ferai sans doute jamais, mais après tout, question d'habitudes... » Depuis il a pris bien des habitudes, mais pas celle-là.

Il descend la rue à petits pas, comme s'il pouvait dépenser maintenant ses pas sans compter. Les autres le dépassent, le croisent, à pas rapides, à grands pas, le priant, avec quel agacement ! de se garer pour ne pas couper leur course. Monsieur Schubert s'efface : terrifié, il comprend soudain qu'un seul pas de ces messieurs, il suffit de les regarder, c'est de l'argent, de sorte que même après la fermeture des bureaux, ils continuent à marcher en vrais professionnels, compétents jusque dans leurs derniers pas !

Il va chercher de l'argent au distributeur devant lequel attendent déjà quatre personnes. Une dame, jambes grassouillettes, mit sa carte dans la fente. Au bout de quelques secondes celle si ressortit.

– Je ne comprends pas, glapit-elle, il ne veut pas me donner mon argent ! Ça fait trois fois que je la rentre, ça fait trois fois qu'elle ressort !

Elle essaya une quatrième fois. Son suivant lui dit alors d'un ton impatient :

– S'il ne veut pas vous donner d'argent, c'est peut-être que vous n'en avez plus sur votre compte !

Elle se retourna vivement :

– Comment ? Qu'est-ce que vous dites ?

– Je dis que peut-être vous n'avez plus d'argent sur votre

compte. Depuis le temps que vous mettez votre carte pour rien ! Et que tout le monde attend !

– Comment ? Pas d'argent sur mon compte ? Mais monsieur, je vous interdis de parler comme ça ! Je n'ai jamais entendu une chose pareille ! Mais monsieur, je vous souhaite d'en avoir autant sur le vôtre que sur le mien ! Alors ça !

– Je disais ça... reprit l'homme, tandis qu'une quatrième fois la carte ressortait stérilement.

– Ah mais monsieur, on ne dit pas des choses comme ça ! Je viens d'acheter un appartement, si vous voulez tout savoir ! Raymond ! Viens voir ! Non mais vous ne vous êtes pas regardé !

Elle appelait son mari qui, regardant les revues de muscle et de karaté au kiosque, s'en arracha avec une mine dégoûtée.

– Qu'est-ce que t'as encore ?

– Non mais viens voir ! Y a monsieur qui a quelque chose à te dire qui va bien te faire plaisir !

L'homme arriva, brute graisseuse, genre friqué de frais.

– Il dit que t'as pas d'argent sur ton compte !

« Raymond » considéra l'intervenant qui balbutia une excuse.

– Mais t'as pas à te faire chier avec ça, dit-il à sa femme. File-moi ta carte et tire-toi !

La femme fit un pas en arrière, grosse poule toute frémissante encore de l'injure d'être supposée désargentée. Elle gloussa en regardant la piteuse file d'attente que fermait monsieur Schubert.

« Raymond » introduisit la carte. Il considéra la machine en avançant menton et lèvre inférieure. Il attendit.

– Tu vas marcher saloperie ! Dis tu vas marcher ! Tu vas me le donner mon pognon ! hurla-t-il en donnant des coups de plus en plus violents sur l'écran. Si tu marches pas pour moi, tu marcheras pour personne, salope !

La machine ne marchant pas, il s'en prit à ceux qui étaient derrière lui.

– Y a quelqu'un qu'est pas content ?

– Oui, dit le suivant, ça commence à bien faire ! Laissez-nous passer !

« Raymond » se recula vers lui.

– Tu la ramènes ?

Puis il le dérouilla d'une manchette sur la pommette droite qui la fit éclater.

– Y a plus personne à servir ? demanda « Raymond » en position de gorille. Puis, pointant son index vers le blessé à terre :

– Si t'en veux une autre, tu me le dis ! C'est pas cher et c'est bien cuit !

Monsieur Schubert s'éloigna en haussant les épaules.

XV

Une contraction au plexus, qui se répercute et le disloque.

Comme chaque soir, l'angoisse le saisit de retrouver sa femme, et ce soir, son fils. Depuis plusieurs mois déjà, il ne parle plus de « retrouver » mais « d'affronter ». Et ce qu'il s'agit d'affronter, c'est moins les siens que lui-même, pour se forcer à rentrer, se forcer à dire bonsoir, se forcer à faire « bonne figure », mais l'avanie des jours, jour après jour, a tellement usé, bousillé en lui de « bonnes figures » qu'il ne sait plus lesquels choisir de tous ces masques éreintés qu'il tente de réparer tous les soirs, en secret, dans son lit, avant de s'endormir, se forcer à dîner, se forcer à se coucher, se forcer à dormir, pour se forcer, le lendemain, à recommencer, remettre le masque, chaque matin un peu plus rapiécé, rafistolé qui va fondre, se fendiller, dégouliner dans la journée comme un maquillage trop bon marché, et tout ça jusqu'à quand ? « Mais c'est impossible, hurle-t-il comme sous une torture, je ne vais pas finir mes jours de cette manière ! »

Il va alors puiser le courage qui lui manque auprès de Lina, une jeune prostituée blonde qu'il fréquente assidûment chaque semaine depuis un an.

Lorsqu'il ne la voyait pas sous son porche, il poussait un peu plus loin, jusqu'à un petit café où souvent il la trouvait attablée devant une portion de tarte ou un flanc au chocolat. Il s'assied alors en face d'elle. Elle lui dit qu'elle est contente de le voir parce qu'il est toujours « de bonne humeur », qu'il n'a pas l'air « triste ». Cela la change, prétend-elle, des autres hommes qui lui paraissent le soir avancer dans la rue « comme des ombres », « qui n'auraient pas de corps », finit monsieur Schubert.

Il se dit parfois qu'il devrait habiter dans la rue, et trouver une activité là, dans un hôtel du coin, ou dans le petit café. La serveuse va partir. C'est son heure. Alors viendra le garçon de nuit qui la remplacera. Pourquoi ne ferait-il pas un bon garçon de nuit ? Pour accueillir les filles de la nuit. « Quelquefois ce sont les mêmes que celles du jour, lui avait dit Lina. Elles sont complètement folles ! Elles veulent gagner trop d'argent ! Elles cherchent toutes à habiter là... moi je ne peux pas... moi j'habite ailleurs, dans une autre ambiance ».

Il poursuit sa rêverie, « ma vaine rêverie », se dit-il, mais a-t-il autre chose à poursuivre ? Il aurait travaillé dans la rue, ou il n'aurait pas travaillé. Il aurait fait comme l'homme pour lequel, quoiqu'elle s'en défendît, « travaillait » Lina. Cela le changerait, pour une fois, d'être du côté de celui qui « empoche ». Quand elle lui disait : « je ne suis qu'un putain ! » Il répondait : « moi aussi ! » : à tout prendre et depuis trente ans, a-t-il fait autre chose, oui ou non, que le « tapin » ? Oh un tapin plus veule, qui n'a pas la franchise, l'immédiateté, le courage du trottoir ! Un tapin assez lâche, donc « présentable » ! En col blanc ! A la pointe du progrès social : « mensualisé » ! 30 ans « d'abattage » ! Un tapin écœurant, donc irréprochable ! Béni par toutes les autorités, rançonné par des « proxos » manucurés, décorés, rayonnants, avec pedigree, descendance, châteaux, fortunes, visites au Pape, noms des tueurs... 20 000 noms répertoriés.

Il monte dans le bus qu'il abandonne après 4 stations. Il remonte la rue mal éclairée jusqu'au porche où se trouve habituellement Lina. Ne l'apercevant pas, il s'approche d'une fille :

– Lina n'est pas là aujourd'hui ?

– Si... si mais elle doit être occupée. Ou alors elle est en train de se reposer. Montez si vous voulez ! Vous savez où c'est ? 4e étage, et vous prenez à gauche, la petite passerelle...

– Oui, mais si elle n'est pas seule ?

– Ça ne fait rien ! Elle vous connaît !

Non, il préfère attendre. Il traverse la rue, s'assied

comme un gamin, malgré son âge, et le froid qui descend, sur la marche d'une porte d'entrée. Lorsque Lina apparaît, un quart d'heure plus tard, il prend un chewing-gum, va vers elle et monte à sa suite. L'escalier, fait d'un ciment noir, est étroit et sordide mais la chambre de Lina est bien aménagée. Le lit est séparé de l'ensemble de la pièce par un rideau blanc transparent. Il enlève ses chaussures et s'y étend.

– Tu restes comme ça ? lui demande-t-elle.

– Oui.

– Et moi ?

– Comme tu veux... je... je veux simplement souffler.

– Remarque, moi aussi j'ai besoin de souffler... mais comment ça se fait que ça ne te dise plus rien de t'amuser ? Depuis un mois on ne fait plus rien !

Il ne répond pas. Comment lui faire comprendre que ce n'est plus « cela » qu'il vient chercher ? Est-il encore de ce monde, d'ailleurs, pour ne plus chercher exclusivement « cela » ? Non, il est déjà parti, déjà loin. Elle s'allonge près de lui. Il la trouve belle et ne laisse pas de s'étonner que n'importe qui, contre une petite « pratique », puisse l'avoir à soi quelques instants : « il y a là, se dit-il, quelque chose que le monde trouve abject, donc de « royal » ».

– Tu ne dis pas grand-chose...

Il voudrait dire, mais il ne peut pas. S'efforcer mais il ne le peut davantage.

– Que veux-tu que je te dise...

– N'importe quoi... tu pourrais inventer... ça me changerait...

Pour faire diversion, il lui parle de l'hôtel de la rue Clarisson, là où il se rendait avec Liliane, tout au début. Sa vie aura été bornée par deux chambres entre lesquelles il sera toujours resté sur la même ligne de métro, la 8. Autrefois il admirait Mermoz. La « ligne », c'était Dakar Santiago. Lui, c'est Balard Créteil.

Mais pourquoi – il en était déjà ainsi, se rappelle-t-il, à l'époque de la rue Clarisson – n'y a-t-il plus que dans cette chambre guère plus grande que son misérable bureau, et en compagnie de cette femme, que la vie lui soit supportable ?

Là seulement il peut ne rien craindre, dire ce qu'il pense, allumer le poste de télévision ou le magnétoscope installés au bout du lit, mettre de la musique, toutes choses si courantes, si banales dont il a perdu jusqu'à l'idée, même chez lui, mais chez lui n'est-il pas encore « dans le monde », et « du monde » ? de les accomplir en liberté : en cet endroit seul, s'exalte-t-il soudain au bord de perdre l'esprit, on le laisse vivre sans lui demander à chaque respiration son « permis de respirer ».

Alors il voudrait ne pas aller plus loin que cette chambre, ne rencontrer jamais d'autre humain que cette femme. Et que sa dernière heure eût lieu là, dans ce réduit, ce dernier carré où il a encore quelque chose d'intact en lui, où il lui paraît retrouver, mais comme le monde se gausserait, le détruirait s'il l'avouait ! une forme de virginité.

Il a la certitude, là, d'avoir été partout. Il n'a pas eu besoin de prendre avion, chemin de fer, sentier pour être allé partout. Foin des brochures qui vantent le soleil et la neige, le sable, la mer, et encore une fois le soleil, de toute façon le soleil ! Les gens vantent toujours, vendent toujours. Il est allé partout. Plus loin que Mermoz. Il en a l'illumination dans cette chambre. Avant celle-ci, même sans y être allé, il connaissait toutes les chambres, toutes les alcôves. Il n'avait plus que celle-ci à découvrir, à chercher, à trouver. « Qui cherche trouve », il a trouvé.

– Je voudrais bien savoir pourquoi ça ne te dit plus rien de t'amuser ! lui répète-t-elle une fois de plus. Ça t'est déjà arrivé ? Dans le passé ?

Il pourrait, c'est vrai, s'inventer un « passé ». Il est neuf dans cette chambre. Il pourrait jouer au flambeur, au déserteur, au héros, au prisonnier en cavale, à l'ecclésiastique, au débauché, il aurait pu même jouer, dans les débuts de leur connaissance, à « l'animal érotique », c'est une expression qu'il a lue dans les journaux relatant une discussion entre « connaisseurs », petits barons des choses du sexe, mais la vanité, comme le plaisir, lui est maintenant si lointaine ! Il aurait pu s'illusionner de tout cela, faire semblant de se croire, vaguement, en la quittant, un « personnage », mais ce qu'il ressent plus vraiment entre ses murs, c'est qu'il est, au plus vrai, un fugitif en quête d'espoir, et cela ne s'avoue pas.

Il y a dans la chambre de Lina une grande photo prise de l'intérieur d'une maison, à travers une large baie et qui donne sur la mer. Le ciel est bleu, on devine une plage dans le fond, une mince bande jaune pâle le long de la mer.

– Et... et c'est là que tu vas quand tu pars dans le Sud ?

– Oui, et cette photo, c'est un souvenir de vacances, quand j'étais gamine.

– J'avais la même, enfin à peu près... le jour où j'ai découvert la mer, j'avais 15 ans... jamais je n'aurais pensé que le monde pouvait être aussi beau, et la vie aussi belle !

– Moi aussi...

– Tu es belle, lui dit-il.

Il a besoin de lui répéter cela, même si elle entend mal, il le sait, ce genre de compliments. Elle préférerait qu'il lui dise, une bonne fois, ce qu'il vient chercher auprès d'elle. Pour 300 francs !

– C'est que c'est quand même quelque chose, 300 francs !

– Pour nous peut-être, mais pour d'autres...

– Ça m'ennuie de penser que je ne t'ai rien donné pour ce prix-là !

– De toute façon, 300 francs ou autre chose, c'est pareil... ce... ce que vous vendez vaut tellement plus que son prix !

Monsieur Schubert compte lui-même les quelques minutes qui lui restent avant que Lina ne le prévienne qu'elle va partir. Elle lui disait souvent : « Je vais partir ce soir ». Mais pourquoi précisément ces soirs où il était là ? Qu'en était-il les autres soirs ?

Elle lui annonce qu'elle va s'absenter, ce mois-ci, plus tôt que prévu, et cette fois, pour une quinzaine de jours. Il répète « alors quinze jours ? Seulement dans quinze jours ici ? »

Il aurait tout aussi bien dit : « un siècle... dans les étoiles ! » Temps et lieu n'ont plus de sens dans l'étroitesse magique de la petite chambre.

– On se reverra dans quinze jours ?

– Bien sûr, répond-il en hochant la tête.

Il la quitta en mâchouillant son chewing-gum, pensant qu'il y avait une chose qui l'avait toujours bien ennuyé dans la vie et il se demanda si dans l'au-delà ce serait pareil. Cette question, c'était de savoir si, dans l'au-delà, lorsqu'on avait fini son chewing-gum, on était pareillement démuni que sur terre pour savoir où le perdre. Oui, deux questions demeuraient : Dieu existe-t-il ? Et que faire d'un chewing-gum usagé ?

XVI

Montant les marches du métro jusqu'au trottoir, il fait le détour pour aller voir sa voiture, l'aperçoit de biais, de l'autre côté de la rue. Il croit d'abord, par une étrangeté de reflets sur la glace, voir un papillon sur la gauche du pare-brise. Son cœur s'accélère. Il n'a pas de puissance sur les battements de son cœur. Il a beau se dire : « C'est ridicule ! » il ne peut faire que sa vie trop étroite, ou trop mince, trop grise, ne soit happée, broyée, rejetée, en bloc, par ce souci larvaire qui semble encore trop grand pour elle : la peur d'un procès-verbal.

Il approche, puis, avant même de parvenir à ce vieux tas de tôle qui maintenant, malgré sa couleur « crème », fait honte à sa femme, sait que le pare-brise est vierge de tout papier. Il soupire. Son mal de dents s'évanouit et il ne peut s'empêcher de se dire, mezzo voce : « c'est quand même une bonne journée... »

Arrivant chez lui, il se laisse aborder par monsieur Relaux, plombier de son état, un homme de son âge au visage jaune et gras, au front vaste et bête.

« N'empêche, lui a dit sa femme, que je voudrais bien quelquefois que tu aies autant d'argent que lui ! »

Étroit et retors, monsieur Relaux ne s'exprime que par petites phrases étouffées d'où s'écoule, crémeuse, mais on dirait aussi inconsolable, son obsession de « rouler » son prochain :

– Vous savez ce que j'ai fait aujourd'hui ? J'ai réussi à recaser un vieux lavabo au prix d'un neuf ! Ça fait toujours 200 balles de grignotées !

La veille, il s'est vanté d'avoir placé une minuterie dans la salle de bains d'un vieillard. « Il n'en a pas besoin, ça va même le déranger, puisqu'il faudra qu'il sorte de sa baignoire toutes les trois minutes pour rallumer ! Je sais pas si vous voyez ça ! retient-il de s'esclaffer. Toutes les trois minutes ! mais il m'avait dit qu'il oubliait souvent d'éteindre, alors y a quand même de sa faute ! Et puis ça fait toujours une facture de plus et 300 francs de « bénef » dans la fafouille ! »

Au fond pensait monsieur Schubert, à voir monsieur Relaux, toute la vie d'une certaine façon tenait dans la capacité d'émettre une facture. S'il avait pu émettre des factures, peut-être les choses auraient-elles tourné autrement. Épatant comme métier : « émetteur de factures » ! Pouvoir dire à quelqu'un : « vous me devez tant ! » « Pourquoi ? » « Pour rien ! » « Ah bon ? » « Vous auriez voulu que ce soit pour quelque chose ? Mais savez-vous que c'est une opinion qui n'engage que vous ? »

Il rencontre encore dans la cour de l'immeuble madame Lepetit. Elle marche à quelques mètres devant lui, de ces petits pas, toute voûtée, il ne lui reste plus dans la vie que des petits pas à faire, les grands, elle les a perdus, ou elle les a finis une fois pour toutes, peut-être même n'a-t-elle jamais eu, comme lui, de grands pas à faire.

Elle adresse à monsieur Schubert quelques remarques corrosives sur la tenue de l'immeuble en particulier et sur l'état du monde en général, qu'elle juge, l'un comme l'autre, « lamentables » : sa vie s'est arrêtée six ans plus tôt avec la mort de monsieur Lepetit. Elle dit « Du temps de monsieur Lepetit » et ses yeux bleu clair sont pleins de regrets.

Monsieur Schubert constate une fois de plus que l'ascenseur est en panne, que le paillasson est sale et que des mégots traînent dans les escaliers. Fataliste, il trouve dans ses poches quelques vieux papiers qu'il répand sur les marches : désespéré par la laideur, il finit par aggraver celle-ci dans l'espoir, absurde, que le fait d'y ajouter sa touche endormira son dégoût.

Il parvient à son palier, ouvre sa porte. Dans l'entrée, il dépose son manteau et sa mince serviette, enlève le cadre de cette photo de lui enfant qu'il a trimballé pour rien toute la journée, le remet en place et pense qu'une fois de plus rien, absolument rien, et même pas cela n'a changé : seulement l'entreprise a-t-elle broyé, avili une journée supplémentaire de sa vie.

De la cuisine, une voix lui parvient :

– C'est toi ?

Il voudrait répondre, une fois, une fois au moins sur 10 000 : « Non, ce n'est pas moi ! Réjouis-toi, ce n'est pas moi ! Ce que tu attends depuis si longtemps se réalise, nous avons brisé l'habitude, la routine : ce n'est pas moi ! »

Il rêve que tout cela est possible, qu'il peut se transformer, apporter autre chose à sa femme que le même homme, le même animal, domestique, vieilli, abîmé d'un jour. Pourtant il est inutile de mentir. Surtout quand on ne sait pas. Il répond donc, avec la même voix, le même ton que chaque soir : « C'est... c'est moi ».

Le silence suit ses paroles. Sans doute, dans la cuisine, le même monde, impossible, nouveau et merveilleux tente-t-il en vain de naître en sa femme du même ventre énorme de l'ennui. « C'est encore lui ! C'est toujours lui ! Et c'est toujours moi ! »

Il entend ses pas, et elle apparaît, lourde, fardée, les yeux cernés de violet, une cigarette au bout rougi au bord des lèvres : il la soupçonne de boire en cachette.

– Tu... tu es encore en peignoir ?

Elle secoue les épaules.

– Je n'ai pas eu le courage de m'habiller aujourd'hui.

– Tu n'es pas sortie ?

Elle fait signe que non... Puis : « Mon pauvre ami, si tu voyais ton pantalon... »

– Et... et tu sais qu'Alexandre arrive ?

– Oui... il mangera ce qu'il y aura.

– Et... et le pain ?

Le pain est la hantise de monsieur Schubert.

– Il y en a dans le congélateur.

– Tu n'avais pas envie de... de sortir un peu ?

– Qu'est-ce que tu veux que je fasse ?

« C'est ma faute », pense monsieur Schubert.

– Il y a du... du courrier... il y a eu des appels ? Il n'ose pas lui demander s'il y a du « papier bleu ».

– Non... à part ces lettres recommandées dont je t'ai parlé ce matin... et qui t'ont mis dans un tel état ! Rien... rien de rien... Ah si ! Ta mère t'a appelé.

– Ah... qu'est-ce qu'elle voulait ?

– Rien. Que tu la rappelles ! Mais que veux-tu qu'il y ait ? Rien, bien sûr... Ah et puis si... elle voulait savoir si nous irions à l'anniversaire d'oncle Robert... et te dire aussi deux mots de cette histoire de théière !

– Elle aussi !

– Oui, elle aussi.

Monsieur Schubert soupire : des réunions de famille, depuis quelques années, il a horreur. Ne servent plus qu'à constater l'accumulation des rides, l'épaississement des tailles, le nombre croissant des bajoues, des calvities, des cannes, des béquilles ! Pourtant cela a l'air de « leur » plaire : « ils » en redemandent !

– Oui, ben nous verrons, fait monsieur Schubert avec agacement. Et... et à part ça...

– A part ça, rien, je te l'ai déjà dit...

Seule la mort fera cesser ce rien. Pour un autre rien, sans doute. « Mais au moins tu changeras de rien », se dit-il comme s'il parlait à un autre.

– Tu disais ? demande sa femme.

Moi ? R... rien ! Puis : « Tu... tu as vu cette histoire du Mur ? demande-t-il alors, comme s'il pouvait relancer une discussion « intéressante ». C'est quand même formidable ! »

– Oui, dit sa femme avec une lueur dans le regard, c'est formidable ! Mais pas pour nous...

Alors il ne dit plus rien. De toute façon, elle a raison, ce Mur ne les concernera jamais. Trop lointain. Ce n'est pas de l'Histoire pour eux. Et trop tard. Surtout trop tard. C'est comme les films qu'il regarde, les histoires qu'il lit et qui tous finissent par le désespérer à mourir : il n'y a plus d'identification, donc d'espérance possible. L'espérance ! A qui donc a-t-il dit... ? Ah oui, il n'y a pas si longtemps, à un jeune homme plein de bonnes intentions et d'œuvres du même tonneau, grand rédacteur de revues chrétiennes, bien pensant, qui jouit au mieux des biens de ce monde et compte bien, cela va de soi, jouir à fond de ceux de l'au-delà, dès lors c'est épatant, pourquoi s'en faire ? Oui, il lui a jeté cette réponse à laquelle il n'adhérait pas, mais qui a explosé de lui, malgré lui, comme un vomissement exténué de l'âme : « Ah ne me parlez pas d'espérance ! Ah vos gueules d'espérance ! Ah comme l'espérance est immonde dans vos gueules ! »

Il prend le téléphone et appelle sa mère qui vieillit dans une maison de retraite, passe des jours inutiles, une chambre, une télévision, un téléphone, tout ça, beau, pas si mal, et tranquille, mais, dramatiquement, inutile. Il entend sa voix, sèche, acariâtre, vindicative toujours, au bord du tombeau, avant qu'on ne l'oblige à s'y coucher, car il le faudra, il en est certain, l'obliger, n'importe comment, à coups de marteau si nécessaire, à rentrer dedans, et à visser le couvercle vite fait, pour ne plus l'entendre, jamais, hurler et maudire.

– Alors, lui dit-elle, il faut que je t'appelle pour que tu m'appelles ! Tu es maintenant incapable d'appeler ta mère ! Il ne te suffit pas de la laisser croupir dans une maison de retraite !

Il pourrait lui répondre, il l'a déjà fait, cela n'a servi à rien, que c'est elle-même qui a choisi d'aller dans cette maison, de toutes la moins commode pour lui, la plus lointaine, alors qu'il lui a proposé de la prendre chez lui, ses frères et sœur n'en voulant pas, oui, sa femme était d'accord, il ne peut lui retirer cela, il ne peut d'ailleurs lui retirer grand-chose, elle est généreuse et lui seul est responsable de son extinction. Ou, à défaut, d'occuper un studio qui s'était libéré dans l'immeuble, il y a quatre ans, et qu'elle a refusé, dans son aigreur odieuse, squelettique et rageuse. Elle n'est plus remuée maintenant que par sa haine et sa haine l'incendie, la ravage, l'exténue d'un bouillonnement intense et meurtrier.

– Et... et je l'ai fait avant-hier, lui répond-il, et tu étais absente ! J'ai essayé trois fois...

– J'étais absente ! Naturellement j'étais absente ! Tu t'arranges toujours pour appeler au moment où je n'y suis pas !

Il a envie de raccrocher, de lui clamer une fois pour toutes ce qu'il a sur le cœur contre elle depuis si longtemps. Mais il se contient. Il n'a pas tenu pendant des années, essuyé ses avanies sans broncher, non par seule faiblesse, mais pour ne pas contrarier le seul bonheur qui sans doute reste à sa mère (« Bon Dieu, se dit-il, pourquoi ai-je toujours fait si attention au bonheur des salauds ! ») : l'abaisser, le réduire, l'humilier, en réalité le tuer, pour ruiner par un coup d'audace tant d'années de sacrifice, d'abaissement.

Il entend, chuchotés, murmurés au bout du fil, ces quelques mots qu'il attend, craint depuis si longtemps d'entendre un jour, tout en sachant bien qu'ils surviendront, parce qu'ils lui ressemblent, qu'ils sont lui :

– Je te hais ! Je te hais !

Puis il n'est plus certain de les avoir entendus, peut-être les sonorités qui lui sont parvenues sont celles-là, peut-être ne sont-elles pas exactement celles-là, peut-être les a-t-il si longtemps attendues qu'elles viennent de jaillir de son imagination, de son désarroi, de sa nécessité de les entendre : « je te hais, je te hais ! »

– Qu'est... qu'est-ce que tu dis, maman ?

Un sifflement au bout du fil, un serpent qui glisse, se rétracte, se tord. Puis rien.

– Rien ! dit-elle. Qu'est-ce qu'il y aurait à dire ?

Sa femme vient à ses côtés, lasse, affaissée, les chairs flasques mais vibrante de rage.

Qu'est-ce qu'elle te veut encore ? Envoie-la donc promener ! Elle a fait ton malheur !

– Il faut que tu te décides pour l'anniversaire d'oncle Robert ! Et que tu te décides aussi à rendre à Nunzia et à Édouard ce qui leur appartient ! Cette théière ! Insensé ! Je n'ai encore jamais rencontré quelqu'un qui sacrifierait l'esprit de famille à une théière !

– Dis-lui que ça ne la regarde pas ! souffle sa femme.

Monsieur Schubert reste sans voix. Sa mère glapit à nouveau :

– Il faut aussi que tu viennes me voir !

– Dis-lui qu'elle n'avait qu'à être plus près ! souffle toujours Hélène. Trappes ! Elle savait ce qu'elle faisait en allant à Trappes !

– Tu entends ? Tu m'écoutes ? Tu es toujours là ? Ou je parle dans le vide ! Il faut que tu viennes me voir ! Et pour oncle Robert, tu t'es décidé ? Ou il faut que je décide pour toi !

– Dis-lui qu'elle nous emmerde ! Dis-lui ! Qu'elle appelle tes frères ! Qu'elle appelle ta sœur ! Ceux-là on ne les aura vus que pour te piquer l'héritage de ton père ! Une paire de chaises ! Et encore ! S'ils avaient pu prendre la paille, ils l'auraient fait ! Ah qu'elle fasse n'importe quoi, qu'elle se flingue ! Qu'elle se foute à l'eau ! Mais qu'elle nous foute la paix !

– Alors qu'est-ce que tu as à te taire ! Toujours à te taire !

– Elle nous emmerde ! Elle nous emmerde ! Mais dis-lui, Jean ! Dis-lui ! Ce n'est plus possible ! C'est elle ou toi ! Elle va te tuer ! Tue-la avant qu'elle ne te tue ! Après il sera trop tard !

Il ne dit toujours rien. Il a seulement l'appareil contre son oreille droite. Il voudrait dire, mais il ne sait plus... Oncle Robert, la théière, aller la voir... tout cela maintenant le dépasse, il est largué, hors du coup, hors du temps, déjà... il sait surtout que cela ne sert à rien. A rien d'aller à l'anniversaire d'oncle Robert. A rien de tuer sa mère. Mais non plus pour lui à rien de vivre. A rien. Rien de rien.

Sa femme lui arrache l'appareil. Elle hurle :

– On vous emmerde ! On vous emmerde ! Vous n'en avez pas assez de l'avoir assassiné toute la vie ! Vous voulez qu'il se tue ! C'est ça ! Vous le voulez ? Mais dites-le !

Le sifflement reprend au bout de l'appareil. « Je le hais ! Je le hais ! » Son oreille collée à l'écouteur tenu par sa femme, monsieur Schubert croit entendre entre deux clameurs, cette jubilation : « Oui ! Oui ! Qu'il se tue ! Je le hais ! Je le hais ! Qu'il se tue ! »

Puis : « Passez-moi mon fils ! Passez-moi mon fils ! Et foutez le camp ! Je ne vous entends pas ! Je ne vous connais pas ! Je n'ai jamais voulu de vous ! Rendez-moi mon fils ! »

La voix est rauque, exténuée, issue du bout de la vie. Toute l'énergie du vieux corps mobilisée pour cela seul : hurler une dernière fois, l'ultime cri jeté du bûcher. Mais ce cri, monsieur Schubert le pressent, durera longtemps encore, l'énergie ne s'en dissipera pas avant des millénaires, et cette pensée qu'il n'ose pas penser, cette pensée impensable, provoque en lui une sorte de jouissance, un étourdissement silencieux, souffrant et immense. « On y est ! Enfin on y est ! J'arrive au but ! pense-t-il. L'enfer est là ! Toute une vie pour ça ! Toute une vie ! »

Sa femme a raccroché pour lui.

– Oublie-la, lui dit-elle !

– Cer... certainement pas ! murmure-t-il.

Puis, sans transition, parce que là aussi c'est un point de passage obligé : « Comment a été ta journée ? » Il n'y a que deux variantes à cette question, il n'y en a jamais eu plus : « Ça s'est bien passé ? » et « Ça a bien marché ? »

Qu'est-ce qui peut « avoir été », « s'être passé », « avoir marché » ? Et pourquoi ne pas poser les vraies questions : « T'es-tu bien prostitué aujourd'hui ? As-tu bien servi l'Argent ? Es-tu sûr de t'être bien assassiné ? »

Ce qu'évoquent ces questions le creuse d'amertume. Il regarde par la fenêtre toutes les autres fenêtres, les innombrables fenêtres allumées derrière lesquelles pareillement la question est posée, à laquelle il ne peut-être autrement répondu que par les « millions et millions d'hommes semblables à moi », pense-t-il, qui hochent tous la même tête, le même visage, présentent le même regard morne et mort pour mentir, comme lui, à cet instant, d'une seule et même voix, indifférente : « C'était une bonne journée, je n'ai pas eu de PV ».

Il dit cela, et il a envie de vomir : pourquoi n'y a-t-il que là qu'il sache mentir ? Là où il faudrait enfin dire la vérité ! Tout, décidément, lui est contraire ! Alors chaque mot s'enfonce plus profondément dans sa gorge comme deux doigts qui deviendraient chaque jour plus énormes.

Elle le regarde pitoyable, dans son petit costume, son petit appartement, sa petite situation : « Qu'est-ce qu'on peut faire, pense-t-elle, avec un homme pareil ! Qui ne ferait pas de mal à une mouche ! »

Elle hoche la tête. La panique, à son tour, mais toujours silencieuse, la saisit, l'empoisonne : « Ah, songe-t-elle, ne pas mourir vieille ! »

Dehors, il regarde, comme tous les autres, de son fauteuil, les publicités qui ont repris leur danse nocturne : « Val d'Isère. Votre jeunesse. Coca Cola, c'est ça ! Mac Donald ça se passe comme ça ! Votre retraite ! Pensez à votre retraite ! Faites confiance à votre assureur ! »

Puis, traînant les pieds, il revient vers elle et lui dit :

– Si... si, tout de même, j'ai vu aujourd'hui, en revenant de la visite médicale, une... une petite fille qui jouait avec son lapin... j'ai encore son image dans ma tête, ce sont ces sortes d'images, tu vois, qui font qu'on se dit qu'on a quand même passé une bonne journée... que tout n'est pas mort et... et si je savais...

– Si tu savais quoi ? reprend-elle agacée quelques instants plus tard.

– Si je savais...

Il pense au petit portrait de lui enfant en train de dessiner qu'il vient d'enlever de sa poche. Dessiner. Oui, il aurait aimé essayer de la dessiner. Et laisser cela de lui-même, une jolie chose. Mais à quoi cela sert-il de le dire ? Ne vient-il pas de l'« agacer » ?

XVII

Il est devant la télévision quand son fils sonne.

– Tu regardes encore la télé ? lui dit sa femme en allant ouvrir. J'aurai beau te dire cent fois que j'en ai assez de te voir sans arrêt avec la télé à peine rentré !

Il ne répond pas. Il pourrait objecter qu'elle la regarde toute la journée : à quoi bon ? Allumer le poste, il le sait, c'est se tuer. Mais après tout, n'est-ce pas ce qu'il cherche ? Se disant cela, illuminé soudain de cela, il se met à « ricaner », comme s'il le prenait du « bon côté ». Autrefois, paraît-il, il prenait beaucoup de choses du « bon côté ». De l'excellent côté ! On lui disait souvent : « Vous au moins, vous prenez les choses du bon côté ! »

Il n'a pas éteint quand son fils est entré. Alexandre va vers son père qu'il tente d'embrasser. Monsieur Schubert, inconsciemment, détourne la tête : il est en train de « zapper ».

– C'est comme ça que tu me dis bonjour ? lui demande son fils.

Monsieur Schubert dit tout bas « A... attends... » accroché aux images qui se déroulent sur l'écran.

– C'est Alexandre, dit sa femme. Tu pourrais éteindre le poste !

Alexandre va vers le poste et change de chaîne.

– Je... je voudrais au moins regarder les informations ! dit monsieur Schubert. Pour une fois qu'il se passe quelque chose !

Avec sa télécommande, il « zappe » sur ses informations.

Alexandre hausse les épaules et s'assoit près de son père.

– Tes... tes « Affaires » vont bien ? demande monsieur Schubert.

Il a posé la question plus encore par routine que pour se faire « pardonner » de regarder le journal. C'est toujours par routine que depuis longtemps il pose ses questions, mais en lui il n'a pas tout à fait tué, lui ou la vie, lui ou il ne sait quoi, le souhait, si infime soit-il, que de ces routines additionnées ressurgisse en lui une pointe d'intérêt.

Mais non, et tandis qu'Alexandre lui explique ce qu'il fait, lui parle même sur un ton que l'on dirait presque de confiance, monsieur Schubert, très vite, s'aperçoit qu'il ne reçoit plus les paroles que d'une manière amortie, cotonneuse, parce qu'il a cessé d'écouter, malgré lui, et qu'il pense à des choses peu précises, le genre de choses qu'on appelle rien quand les gens vous demandent à quoi vous pensez. Il pense aussi, c'est vrai, mais alors très fort, à une chose bien précise : « qu'est-ce qu'il m'emmerde ! »

Et puis le discours d'Alexandre qu'il a pourtant sollicité au milieu de cette Histoire qu'il voit se dérouler sous ses yeux, l'écroulement de ce Mur dont l'édification l'avait tant choqué dans sa jeunesse... mais que reste-t-il de ces choses, où se sont donc dissipées l'énergie, la révolte qui eussent dû, dès lors, l'arracher à ses pièges comptables, ces labyrinthes de colonnes où sa vie ne s'est même pas perdue, mais seulement, poussière devenue, évaporée ? le discours d'Alexandre l'ensevelit d'une nouvelle forme de répugnance :

Franchisé depuis quelques mois de « Burger King » près de Nice, il a suivi des stages, se rengorge-t-il avec un accent de Paris mal reconverti à l'anglais, de « management à l'Américaine » qui manifestement lui sont montés au cerveau. En sus d'une prétention assez éprouvante, les leçons sur ce qu'il appelle « la maximisation du profit » ont créé dans son esprit des confusions pénibles dont se ressent sa conversation :

– Je suis sûr que ça se vendra un jour !

– Quoi ? dit monsieur Schubert.

– Les morceaux de mur, là... tu ne vois pas ça, toi ?

– N... non !

– Tu vois quoi alors ?

– Je vois le Mur qui s'écroule, laisse tomber monsieur Schubert. Je vois des gens...

Il voudrait ajouter : « des gens libres » mais il ne le fait pas. « Libre », c'est un mot qu'il ne peut plus dire, c'est un mot qui à lui seul ensevelit sa vie, il sait, au fond des choses, qu'il ne s'est servi de sa liberté que pour s'emprisonner, et cette pensée, cette seule pensée lui est insoutenable, mortelle.

– Je... je vois des gens, reprend-il, et... et ça me suffit...

– Moi je vois autre chose ! Et je suis certain, là, qu'il y en a pour se mettre des bouts de mur de côté ! Si j'étais là... puis, coulant à son père un regard plissé : tu sais... dans les « Affaires »...!

Il a dit ces mots « dans les Affaires » avec un ton soudain bas, graisseux. Monsieur Schubert, troublé, l'imagine 20, 30 ans plus tard, rubicond et chauve, pesant cette tonne de Sérieux qu'il échangera, fin de journée, abrité d'une tenture, pour le rire paillard du petit jouisseur. « Moi au moins, pense monsieur Schubert, je n'aurai été que comptable ».

Mais du poste l'image se brouille, se piquette de points blancs, puis ondule, déformée, dans la partie supérieure de l'écran.

– Qu'est-ce qui se passe ?

– C'est... c'est encore l'antenne... c'est inouï... n'est-ce pas... c'est... c'est inouï, nous avons acheté cette antenne domestique parce que celle... celle du toit évidemment ne marche plus... et... et depuis personne ne veut payer pour la réparer... et... et chacun doit se débrouiller tout seul... n'est-ce pas... et à la réunion de copropriétaires... tout le monde a dit... qu'il avait une antenne et que bien sûr naturellement... c'est... c'est extravagant... (Monsieur Schubert se lève) et naturellement nous avons dû acheter cette antenne... alors qu'il y a des antennes partout ! Des antennes sur tous les toits !

– Ne t'emballe pas, Jean, dit sa femme en sortant de sa cuisine, puis, à son fils : il s'emballe toujours à propos de bêtises !

– Des... des antennes partout ! Nous vivons au milieu d'une forêt d'antennes ! Des... des antennes dehors... et... et naturellement des antennes dedans... des... des antennes qui ne marchent pas... ! qu'il faudrait doubler, tripler d'autres antennes... ! des antennes qu'il faut multiplier... et qui toutes ne marchent pas ! Qui... qui ne marchent jamais ! Et... et maintenant tu vas voir, dit-il à son fils avec un geste de la main vers le poste... tu vas voir... je connais par cœur ce qui va se passer dans ce poste... d'abord les gens vont apparaître tout en hauteur... on... on dirait des fils de fer... c'est... c'est extravagant... des fils de fer... comme si à notre époque, avec ce qu'ils mangent, les gens pouvaient encore ressembler à des... des fils de fer... et... et puis ils... ils vont se mettre à l'envers ! A l'envers ! Parfaitement ! Ah Ah tu ne me crois pas ! Per... personne ne me croit jamais ! A l'envers je... je te dis ! En... ensuite ils seront étalés comme des... des galettes... on dirait... tu vas voir... tiens, les voilà... on dirait des Chinois... et ils... ils parlent chinois... Les Chinois sont là ! Là ! Main... maintenant tu vois... ils sont étranglés par le milieu... Ah Ah Ah ça... ça fait des mois que ça dure ! Avec cette antenne ! Ces milliers d'antennes ! Ah Ah !

– Jean... Jean !

– Quoi... quoi ! Jean... Jean ! Maintenant les... les voilà... ils se mettent à loucher... j'en vois dix ! Vingt ! Ils deviennent verts... des... des hommes verts ! A-t-on jamais vu ça... ça... des hommes verts !

Alexandre se déplace vers l'antenne. Il la fait glisser lentement sur le dessus du poste en regardant l'image qui, à un moment précis de son mouvement, s'accorde à nouveau avec elle-même et redevient nette.

– Voilà !

– Ah voilà ! fait monsieur Schubert en reprenant souffle. En... enfin ! Voilà !

– Passons à table, dit madame Schubert, je vous préviens, je ne suis pas sortie aujourd'hui, alors il n'y a pas grand-chose...

Alexandre reprend un apéritif qu'il met à côté de son couvert.

– Dis-donc, demande-t-il à son père, ce n'est toujours pas arrangé cette histoire de cloison ?

– N... non... et... et je prévois déjà que ça ne s'arrangera jamais ! Tu sais... tu sais ce que sont les Assurances...

– Mais celles de tes voisins ?

– Ah Ah mes voisins ! Mes... mes voisins ! Ah Ah ! Mais... mais les voisins, tous mes voisins... disent que c'est de ma faute ! Quant à l'Assurance ! Mieux vaut ! Ah oui mieux vaut ! Tu ne sais pas... on ne te l'a jamais dit... s'il valait mieux en rire que pleurer... ce qui est arrivé quand notre vieille « 4 L » avait brûlé ! Ah Ah... pour... pourtant inoubliable ! J'avais naturellement été voir l'assureur. Et... et l'assureur...

Monsieur Schubert se lève, quitte la table pour chercher du vin.

– Qu'est-ce qui est arrivé ? demande Alexandre à sa mère.

Madame Schubert hésite.

– On n'en a jamais parlé... on avait peur de se faire moquer de nous... tu devais avoir, attends, cinq ans, oui c'est ça, cinq ans... notre « 4 L » avait pris feu. Ton père était allé voir l'assureur. Celui-ci lui a demandé quel âge avait la voiture. Elle avait plus de 10 ans... « Plus de 10 ans, monsieur Schubert ! avait répondu l'assureur, alors je ne peux malheureusement rien vous rembourser ! A plus de 10 ans une voiture a cessé pour nous de valoir quelque chose ! Enfin... encore heureux que vous n'ayez pas été dedans et que vous n'y aviez rien laissé ! » « Si, avait dit ton père, j'y avais une vieille casquette... » « Une vieille casquette ? Eh bien, avait dit l'assureur, je ne sais pas... pour une vieille casquette, je ne sais pas... je peux vous donner disons 50 francs ? Voilà... 50 francs... pour une vieille casquette, c'est pas mal, non ? Si vous voulez signer... » Ton père avait accepté... Tu comprends, il avait été pris de court... alors il était revenu... même pas avec un billet... avec des pièces, tu vois... de la monnaie... 50 francs en pièces de 10 francs... tout ça pour une voiture brûlée... alors après, pendant des années, et encore maintenant... ça lui revient... il me dit : « j'aurais dû lui jeter ses pièces à la figure ! J'aurais dû ! »

– Je... je t'ai entendu... dit monsieur Schubert à sa femme en apportant du vin... tu as dit l'exacte vérité... une chose absolument incroyable, comme toujours la vérité... 50 francs... et... et nous ne racontons cela à personne... et... et j'ai accepté... j'ai accepté 50 francs... tu... tu t'imagines que j'ai accepté 50 francs pour une automobile qui a pris feu... alors... tu t'imagines... pour la cloison...

Madame Schubert s'absente à son tour, puis revient avec un plat de nouilles fumant. Monsieur Schubert prend une fourchette, la plonge dans le plat. Les nouilles molles fuient au contact du couvert, elles se recroquevillent, serpents blancs entremêlés, sur les parois de la casserole.

– Voilà, voilà, dit monsieur Schubert, ce... ce sont exactement des nouilles... voi... voilà pourquoi je n'aime pas les nouilles ! In... in... insaisissables... et... et pourtant tu me fais des nouilles... alors que tu... tu pourrais me faire des choses qui ne sont pas exactement des nouilles... il est incontestable que bien des choses ne sont pas des nouilles...

Ils mangent d'abord sans rien dire. Seuls se perçoivent, menaçant dans ce vide, les bruits de mastication, de salive, de déglutition, de tintements de couverts. Un quart d'heure passe ainsi. Un quart d'heure de la vie. Puis, Alexandre à sa mère :

– J'aurais besoin d'emporter mes chaussures de ski. Tu sais où on aurait pu les ranger ?

– Peut-être dans le placard...

– Le « placard » ? Le fameux « placard » ?

– Qu... quoi le fameux « placard » ? fait monsieur Schubert mal à l'aise.

– Le fameux « placard »... reprend Alexandre avec une pointe de défi.

Deux ans plus tôt monsieur Schubert, soudain nostalgique de la peinture, avait eu la velléité de ressortir ses pinceaux et ses tubes de tout un bric-à-brac enfermé dans un placard. Il en avait cherché la clef puis, sans précaution, l'avait ouvert : ce qu'il y avait retrouvé l'avait effondré. Il savait pourtant ce que contenait ce placard, il le savait pièces par pièces, mais chacune n'était en sa mémoire qu'isolée, son esprit, prudent, se refusant à en sommer la lourde synthèse. Et voilà, placard à peine entrouvert, que cette synthèse se dressait pour le frapper, non de dos, mais de face, le frustrant de cette lâcheté qui lui eût permis de se sauver, in extremis, une fois encore, une fois de trop : comme un résumé de ses tentatives avortées pour être autre chose, faire mieux, se désengluer, lui apparaissaient, ombre poussiéreuse, ces petites haltères achetées le jour où il avait décidé de « faire de l'exercice » ; des poignées de caoutchouc afin de renforcer sa poigne, de serrer plus vigoureusement, en homme « qui en veut » ! la main de ses interlocuteurs ; une équerre, des boîtes de couleurs, du papier Canson quand déjà il avait espéré se remettre à la peinture ; un cours de développement cérébral ; des souliers de montagne ; des cahiers, quand il voulait « prendre des notes », en vue de quoi ? des agendas, pour se souvenir ! Bon Dieu, se souvenir ! Des lunettes sous-marines, une machine à écrire, des cours de piano... même des cours de chant ! un circuit inachevé de montage électronique ; un cours de comptabilité, deux, trois cours de comptabilité ! des cartes de visites, des cartes de jeux... un attirail, encore, d'illusionniste, faire des tours de magie... il avait vaguement, de cela aussi, ultime, futile recours ! tenté l'initiation...

– Alexandre, dit madame Schubert au souvenir de la « dépression » que monsieur Schubert lui avait servie après cette brutale rencontre avec les décombres de son passé, je t'en prie, pas ce soir ! Nous parlerons de tes chaussures tout à l'heure... je t'aiderai à les trouver.

Alexandre la regarde. Son visage se détend.

– D'accord ! D'accord ! Et Anna ? fait-il pour changer de sujet. Que devient Anna ?

– Son... son mari l'a quittée, comme tu le sais...

– Oui, je le sais.

– Depuis elle gagne sa vie, son mari lui donne aussi de l'argent.

– Ah ! Il lui donne de l'argent ! fait Alexandre vivement. Tu as déjà vu, toi, un mari qui se conduise bien avec la femme qu'il plaque ?

– De... de toute façon elle travaille dans une agence de voyages ! Et... et elle gagne sa vie !

Madame Schubert se lève, les bras chargés. Elle va vers sa cuisine.

– Je ne sais pas si tu le sais, reprend Alexandre à voix basse pour ne pas être entendu de sa mère, mais cette agence avait comme cliente la société où travaille son mari. Et celui-ci a exigé que sa société quitte cette agence tant que Anna y travaillerait. Du coup Anna a été foutue à la porte !

– Et... et alors ?

– Alors je crois qu'elle a du mal à « se débrouiller »...

Monsieur Schubert baisse les yeux, silencieux. La question lui brûle les lèvres : « Qu'est-ce que tu entends par « se débrouiller » ? mais il ne la posera pas : il y a déjà trop de vérité en lui, il ne peut pas aller plus bas. Seul ce qui concerne Anna demeure encore dans le vague, préservé, endormi. Le reste lui est cru comme une blessure ouverte.

Alexandre d'abord ne dit mot, lui non plus, devant le visage en lave grise de son père qui se lève maintenant, mains dans les poches, gilet flottant autour de sa taille, les pieds traînant ses « mules ».

– Tu ne veux pas en savoir davantage ? lance-t-il à monsieur Schubert d'une voix légèrement hostile dès que ce dernier a disparu.

Sur cette question, monsieur Schubert, oubliant sa retenue précédente, revient brusquement et interroge à son tour :

– Tu disais... je crois que tu disais... il hoche la tête, agite l'index de sa main droite en direction de son fils, veux... veux-tu répéter ce que tu disais... ?

– Quoi ? fait Alexandre moins surpris par ce retour que par le ton nouveau qu'il perçoit chez son père.

– Tu... tu vois très bien ce que je veux dire et... et ne fais pas l'innocent !

– Mais...

– Qu'est-ce qu'il te disait ? interroge Hélène qui est revenue.

– De... demande-lui... il parle de choses qu'il prétend, qu'il prétend savoir... ils... ils prétendent tous savoir... c'est une manie extravagante que ces gens, j'en... j'en vois toute la journée au... au bureau... et... et ils prétendent tout savoir ! Absolument tout savoir... c'est une chose, une chose absolument inouïe ! Et... et voilà que j'ai un fils qui serait plus à sa place chez... je ne sais pas chez qui... chez tout le monde qui prétend savoir... mais pas chez moi !

– Papa, pourquoi tu te fais du mal ?

– Ah Ah ! M... me faire du mal ! Il pointe un nouvel index vers son fils, ses yeux agités paraissent fous. Je... je t'ai posé une question... sur... sur Anna et... et j'entends que tu aies le courage d'y répondre ! Et... et je vois bien qu'il... qu'il ne fait aucun doute que tu ne veux pas répondre !

Alexandre s'approche de monsieur Schubert qui s'est assis et qui souffle comme s'il avait couru. Debout, dans son dos, il met ses mains sur ses épaules.

Monsieur Schubert se retourne vivement, s'arrachant aux mains de son fils.

– Tu... tu ne m'auras pas avec des simagrées, pas plus que tu... tu ne m'impressionnes avec ta soi-disant réussite chez... chez « Burger King »... dé... déjà c'est... c'est une parfaite honte de travailler chez ces gens-là ! Et... et je te demande toujours de dire à ta mère et à moi ce que tu... tu voulais dire au sujet d'Anna !

– Eh bien, vas-y ! dit madame Schubert à son fils. Qu'est-ce qu'il y a de si terrible ?

– Non, maman, je te jure ! Non. Laisse ! Ce n'est pas la peine d'en rajouter !

Monsieur Schubert recule vers le corridor, l'index toujours tendu vers son fils qui s'est assis.

– Ah Ah ! Tu... tu peux toujours jouer au petit chef ! Et...

et faire tes Affaires ou... ou je ne sais quoi ! Maintenant, toi... toi et moi nous savons... toi et moi... nous savons à quoi nous en tenir sur... sur nous deux ! Nous... nous savons très bien ce qu'il faut penser de... de nous deux !

– Qu'est-ce qui s'est passé ? demande sa mère.

– Quelle espèce de... fait Alexandre frappant de ses poings fermés sur la table.

– Je ne comprends pas pourquoi tout d'un coup... il avait pourtant passé une bonne journée, il me l'avait dit lui-même !

– Une bonne journée ! Une bonne journée ! soupire Alexandre

– Oui...

– Une journée grise, comme toutes ses journées ! Une journée à foutre le feu au monde entier ! essaye-t-il de se reprendre.

– Qu'en sais-tu ? Elle soupire : « je le connais... »

Alexandre, songeur :

– On voit qu'il y a longtemps que tu n'en as pas connue, toi, de bonne journée...

Elle secoue la tête.

– Non...

Alexandre s'approche d'elle, lui met la main sur l'épaule.

– Il nous a tués, fait-il soudain en secouant la tête.

– Il vous aimait.

– Il nous a tués ! répète-t-il doucement. Avec sa vie. Avec ses comptes ! Ses bilans ! Sa « Boîte » ! Ne nous a-t-il pas assez cassé les oreilles de sa « Boîte » quand nous étions plus jeunes ! Tu te rappelles ? A l'époque où il était dans le « train », où il faisait semblant d'y croire ! Fallait l'entendre ! Comme il prenait le départ tous les matins ! Quand il disait : « Ça y est ! Je vais être cadre ! Ça y est, je suis cadre ! Ça y est, je suis sous-chef comptable ! Bientôt ce sera chef comptable ! » Y en avait que pour la « Boîte » ! Qui maintenant va le jeter ! Comme un fruit sec ! Une pelure ! Ça se voit comme le nez au milieu du visage ! Qu'il est complètement cuit ! Que veux-tu, ce n'est pas ma faute, mais ça me rend fou ! Fou de douleur pour lui ! Et il ne le saura jamais...

– Mais comment veux-tu qu'il le sache ! Et pourquoi tu ne lui as pas dit cela ? Va lui dire au revoir, tout de même, avant de partir.

– J'essaierai, oui, j'essaierai...

XVIII

Un peu plus tard, elle a pris un bain. Pendant ce temps, il repose, tout habillé encore, sur leur lit. Il feuillette un magazine. Il l'entend vaguement dans son eau, il la devine, étendue, mousseuse, le regard absent, qui bute sur le mur d'en face. Alexandre était venu lui dire au revoir : ils s'étaient embrassés sans un mot.

La lumière douce de sa lampe de chevet tremblote dans ses yeux myopes. N'a jamais vu loin. N'a jamais vu que flou.

Le téléphone sonne une fois encore. Il l'écoute quelques secondes tenté, comme au bureau, de le soulever pour le raccrocher aussitôt, façon de dire « plus d'abonné au numéro que vous demandez ».

– Jean, tu ne peux pas répondre ? Mais qu'est-ce que tu attends ?

Il se lève enfin.

– Papa ! Comment ça va ?

– A... Anna, c'est toi ! Enfin c'est toi ! Mais je vais bien ! Et... et je vais bien Anna...

– Tu es sûr ? Je te trouve une drôle de voix. Je t'ai appelé tout à l'heure à ton bureau mais ça a raccroché.

– Et... et c'était toi ?

– Oui, mais tu es enrhumé ? Qu'est-ce qui se passe ?

– Mais non... non, ne t'inquiète pas ! Et toi, où es-tu ? Et... et comment ça va surtout ? Co... comment ça va ? Les enfants ?

– Moi ça va, les enfants aussi, et toi ?

– Oh moi, quelle importance... mais tu... tu téléphones d'où ? Dis-moi d'où ? Et... et tu es chez qui là ?

– Chez moi bien sûr... et puis même si j'étais ailleurs, qu'est-ce que ça pourrait faire ?

– Mais j... j'entends de la musique, du brouhaha...

– C'est la télévision !

– Ah la télévision, Anna, c'est... c'est formidable ! C'est la télévision ! Tu as donc toujours la télévision ! Nous... nous avons vu Alexandre ! Alexandre tu... tu sais... Alexandre est tout à fait lancé... Alexandre va... va réussir... il... il a une situation magnifique au je... je ne sais plus quoi... tu... tu sais ces magasins modernes... où... où on mange... des choses... des cochonneries... des choses épatantes...

– Alexandre ? Ça fait des mois que je n'ai pas de ses nouvelles !

Sa femme, encore humide, arrive enveloppée de son peignoir. Il éloigne l'appareil de son oreille, il parle à sa femme : « Elle... elle dit qu'elle n'a aucune nouvelle d'Alexandre ! Je l'ai toujours dit, c'est un égoïste ! Et... et un égoïste dangereux ! Alexandre de... devrait s'occuper de sa sœur ! Il... il ne fait aucune doute que...

– Papa, reprend Anna, je ne comprends rien à ce que tu dis ! De quoi s'agit-il ?

Mais il a quitté le téléphone, il l'a posé et il marmonne tout seul, divague : « Alexandre devrait... oui... il devrait... Anna est... est incontestablement sa sœur ! Et... et... »

Sa femme a pris le combiné :

– Anna, ton père est fatigué, ne fais pas attention ! Mais tout va bien...

Jean s'approche et vient parler par-dessus la voix de sa femme.

– Bien sûr tout va bien... à... à part ça tout va bien, qu'est-ce qui n'irait pas bien ? A-t-on vu jamais quelque chose qui ne va pas bien ? Et... et voyons Anna, tu nous connais, il... il ne fait aucun doute que tout va toujours bien ici ! Et... et tout a toujours été bien !

– Papa, entend-il très loin, je t'aime !

Alors, en homme qui aurait enfin entendu la dernière parole qui lui importait, monsieur Schubert appuie sur l'appareil et coupe la communication : « Voilà ! ».

Traînant ensuite ses mules vers son fauteuil, les mains dans les poches de son pantalon fatigué, les yeux humides et tournés vers le plafond, il se parle à lui-même : « Elle... elle a dit « papa je t'aime » ! C'est... c'est incontestable, elle... elle a dit « papa je t'aime ! » c'est... c'est formidable, non ? »

Sa femme, haussant les épaules, repart nonchalante vers la salle de bain et se replonge dans l'eau. Quelques temps après, une voix s'élève. Tous les soirs. La même :

– J'ai fini de prendre mon bain ! Je te laisse l'eau ?

Cette manie de l'économie ! Qui lui a appris cela ? Mais lui ! C'est lui, qui jadis a interrogé : « Je te laisse l'eau ? »

Elle s'ébroue, pourrait lui dire, encore engageante : « Viens près de moi ! Viens me sécher ! » Non, quand il reviendra, de s'être, à peine, trempé dans l'eau « laissée », elle sera tournée sur le côté, elle dormira, ou fera semblant. Ils ne parleront pas. Ni d'Alexandre. Ni d'Anna. Ni des comptes. Il n'y a qu'au téléphone qu'elle aborde encore certains sujets. Mais dès qu'ils sont face à face, il y a entre eux, pire qu'un guichet de prison entre le prisonnier et son visiteur, un mur infini, moins fait d'indifférence que de lassitude, qu'ils ne savent plus comment franchir, et pourtant !

Elle répète :

– Je te laisse l'eau ? Décide-toi ! Elle va refroidir !

« Il y a bien autre chose, songe-t-il soudain, qui va refroidir ».

– Tu m'entends ? Elle est encore chaude, ce ne sera pas la peine d'en faire recouler ! Prépare-toi, je serai sortie dans une minute !

Il se remet debout. Enlève sa cravate, qui le serre maintenant un peu, il ne sait pourquoi. Depuis quelques mois, ces mêmes cravates en acétate, si lâches le matin, se mettent à le serrer avec la fin du jour. Un soir, elles l'étoufferont. Il pourrait attendre ce grand soir. Étranglé par sa cravate. Une mort étrange ! 10 lignes dans les journaux auprès desquels il aura dilapidé sa vie. « Un type se laisse étrangler par sa cravate. La cravate qui tue ! »

Il hausse les épaules. Une feuille blanche sur la commode attire son regard. Il la saisit, prend un crayon, griffonne nerveusement : « Je ne veux personne ». Puis il remet la feuille sur la commode.

Enfin sa ceinture, et sa chemise, trop étroite, elle aussi. Enfin tout.

Nu, il se contemple dans la glace. Pourtant il pourrait, il n'est encore pas si mal. Allons, ces idées ! Quelle bêtise ! Tout ne va pas si mal !

Tout va bien. Tout ne va pas si mal. Bien sûr il est relégué dans un fond de couloir, on a cessé de faire attention à lui, bien sûr il a de quoi vivre, mais il n'a que cela, de quoi vivre, pas de quoi autre chose. Mais enfin il a de quoi manger tous les jours, un lit où dormir, une feuille de paye à la fin du mois, qui ne correspond plus à rien, mais enfin elle est là ! Quelques millions de chômeurs aimeraient en dire autant. Alors, de quoi se plaindre ? Non, pas de quoi se plaindre. Ce serait injuste. D'ailleurs il ne se plaint pas. Tout ne va pas si mal. S'il a perdu aux courses, il n'a pas eu de PV, il a vu Lina, Alexandre, et surtout Anna a téléphoné, au fond, ce fut une « bonne journée ». Malgré le coup de téléphone de sa mère, et celui d'Édouard. Au fond, maintenant, il se fout de sa mère, comme d'Édouard, comme de tout.

D'une autre façon il pourrait dire : rien ne va bien. Les choses ont peut-être l'air d'aller bien, pourtant les choses ne vont pas bien. Évidemment personne ne remarque rien, chacun va son petit train-train, ou ne va pas, plutôt ne va pas, le train-train lui-même ne va pas, le train-train est en panne, il est quelque part, en rade, rase campagne, une campagne où on ne voit rien, avec les rails du train qui se perdent, on ne sait pas, et les passagers qui sont là, qui ne devinent pas, qui restent, les passagers, sans rien remarquer. Non, les choses ne vont pas bien.

Dans son bain, tandis qu'il regarde son corps, qu'il est seul maintenant à pouvoir contempler son corps trop maigre, et que de l'une de ses mains il crée une vague molle qui vient mourir sur le haut de sa poitrine, il sent le dévaster une émotion qui voile ses yeux d'une eau amère. Sa vision devient trouble, il aperçoit l'autre côté de la baignoire, et ce mur en face, comme tous les murs de sa vie, jamais brisés, comme s'il les voyait de l'intérieur de l'eau de son bain, la tête sous l'eau, retenant ses yeux de se fermer, oui c'est cela, l'eau en ses yeux qui coule jusqu'à ses lèvres est si abondante soudain que tout lui apparaît modelé, brisé, mouvant à travers cet écran liquide où il commence à se noyer. A bout de souffle il s'efforce de maintenir en lui quelques visages de femmes, souriants, animés, mais figés bientôt, étouffés par cette momie de vie lacée de bandelettes imprimées par une machine à calculer.

Sous l'avalanche qui l'ensevelit, il essaie de se sauver en se disant : « C'é... c'était une bonne journée ! Et... et je n'ai pas eu de PV ! Anna ! Les courses ! Ah les courses ! Il pourrait y avoir demain... mais demain il y aura aussi Gaspard !.. É... Édouard ! Je... je ne leur donnerai pas ce plaisir ! Mais les courses... » C'est seulement sur les pelouses des champs de courses, dans les yeux fiévreux des chômeurs qui pariaient leur dernière chemise sur un cheval et qui disparaissaient, lorsque s'éteignaient les lumières, plus dénudés encore que leur favori déchu, qu'il a rencontré pour la dernière fois des gens qui croyaient encore en quelque chose, qui y croyaient vraiment ! « Tout ceci n'a aucun sens... » Mais du sens voilé des innombrables phrases, conseils, ordres, menaces, chantages, insultes qu'il a pu recevoir depuis l'enfance s'extraient soudain la portée profonde, la signification aveuglante dont les multiples formes viennent en toutes langues le faucher de leur tir de mitrailleuse :

– Vous veniez de nulle part, Schubert ! Retournez à nulle part ! Vous n'étiez rien ! Dissipez-vous en rien ! Le citron est pressé, Schubert ! Jetez-le ! Jetez-vous ! Cessez une bonne fois d'exister ! C'est le moment ! Faites votre Devoir ! Raus Schubert ! Schnell ! Out Schubert !

Cet ordre ultime l'enferme plus encore dans l'eau, l'eau du bain, l'eau de son corps qui fond, s'évacue, s'évase dans cette mer à sa dimension. Il s'est enfoncé dans l'eau. Il a laissé l'eau recouvrir son visage. Après tout, il le sait depuis le jour où il a commencé à travailler : il est des existences qui n'existent jamais. Alors il tient. Aussi longtemps qu'il le faut. Qu'il le faut absolument. Faisant de son mieux. Lui seul. Comme toujours.

TABLE DES MATIÈRES

Achevé d'imprimer en février 1998
sur les presses de la Nouvelle Imprimerie Laballery
58500 Clamecy
Dépôt légal : février 1998
Numéro d'impression : 802035

Imprimé en France